HANS GERHARD BEHRINGER

Die 12 Grundkräfte des Lebens

HANS GERHARD BEHRINGER

Die 12 Grundkräfte des Lebens

Heilsame Impulse für jeden Monat

Feste – Meditationen – Rituale

Kösel

MIX
Papier aus verantwortungsvollen Quellen
FSC® C014496

Verlagsgruppe Random House FSC-DEU-0100
Das für dieses Buch FSC®-zertifizierte Papier *Classic 95*
liefert Stora Enso, Finnland.

Umschlag: fuchs_design, München
Umschlagmotiv: www.plainpicture.de / © Elektrons 08
Druck und Bindung: GGP Media GmbH, Pößneck
Printed in Germany
ISBN 978-3-466-37070-2

Weitere Informationen zu diesem Buch und unserem gesamten
lieferbaren Programm finden Sie unter
www.koesel.de

INHALT

FEBRUAR

MASKEN – ODER: WER BIN ICH? (FASCHING)

MÄRZ

»MIR GESCHEHE« (MARIÄ VERKÜNDIGUNG, 25. MÄRZ)

APRIL

WANDLUNG VON KRISEN – DURCHBRUCH DES LEBENS – STIRB UND WERDE (OSTERN)

MAI

NEUER MUT, NEUES FEUER, NEUER SCHWUNG (PFINGSTEN)

JUNI

GOTT AUF DER STRASSE (FRONLEICHNAM)

JULI

ZEIT ZUM LEBEN (SOMMERFESTE)

AUGUST

GOTT IST WEIBLICH (MARIA HIMMELFAHRT, 15. AUGUST)

SEPTEMBER

DAS HIMMLISCHE TEAM (MICHAELIS, 29. SEPTEMBER)

OKTOBER

EIN TRAINING IN FREUDEFÄHIGKEIT (ERNTEDANK)

HINFÜHRUNG

Im Verlauf eines Jahres liegt Lebensweisheit verborgen, die wir neu entdecken können – ein Jahreskreis ist wie eine Anleitung zur Lebenskunst. Die Gesamtstruktur des Jahres ist wie die eines Lebens: Frühling, Sommer, Herbst und Winter könnten wir vergleichen mit Kindheit, Jugend, Erwachsenenalter und dem Weg des Alterns. Wenn wir den Monatszyklen folgen, ergeben sich 12 Etappen, die uns jeweils ein anderes Gesicht zeigen, einen anderen Lebensimpuls geben, deren Feste jeweils eine andere Seite des Lebens repräsentieren und sie uns sozusagen präsentieren: als Hinweis auf einen besonderen Aspekt des Lebens gerade in *diesem* Monat, speziell bei *diesen* Festen. Es sind im Laufe des Jahres verschiedene Grundprinzipien, die für gelingendes Leben wichtig sind, denen wir in den einzelnen Wochen und Monaten begegnen! Ich habe sie »Grundkräfte gelingenden Lebens« genannt. Sie können uns helfen, wenn wir sie uns bewusst machen, sie uns immer neu vergegenwärtigen und die Impulse aufgreifen und ausleben in unserem Alltag, und uns so wirksam helfen, damit unser Leben besser gelingt.

Wie ich zu den »Grundkräften« gekommen bin

Als ich auf meiner »Lebensreise« längere Zeit in Amerika lebte und studierte und dort die anderen Gepflogenheiten, Sitten und Gebräuche der Menschen erlebte und besonders die Lebensweise, die Weisheit und die Riten und Rituale der Indianer Nord- und Mittelamerikas kennenlernte, entdeckte ich für mich etwas, was ich seither immer wieder mit vielen Menschen teile in Vorträgen und Gesprächen, in Kursen und in Therapie und Beratung: Die heilsame Wirkung unserer eigenen, reflektierten Traditionen, Feste und Rituale, wenn ich sie nicht nur theologisch-dogmatisch verstehe, sondern auch psychologisch und therapeutisch. Ich entwickelte das Konzept von der »Heilkraft der Feste«. Immer neu baten mich damals Menschen, meine Gedanken und Erfahrungen dazu doch aufzuschreiben und so mündlich *und* schriftlich weiterzuverbreiten – neben Vorträgen, Kursen und Seminaren zu diesem Thema. So entstand das große Buch »Die Heilkraft der Feste – Der Jahreskreis als Lebenshilfe«, das zwischen 1997 und 2010 in acht Auflagen erschienen ist.

In den darauffolgenden Jahren meiner Berufspraxis als Therapeut, Seelsorger und Berater, dann als Seminartrainer und Bildungsreferent bin ich immer wieder Fragen begegnet wie: Was hilft denn wirklich? Was heilt den Menschen? Wie kann mein Leben besser gelingen, heller, froher, zuversichtlicher und heiler werden? So richtete ich meine Angebote an Vorträgen und Seminaren zunehmend mehr auf diese Fragestellungen aus. Auch meine Veröffentlichungen stimmte ich darauf ab: Was fördert inneres und äußeres Heilwerden: »Geheilt werden – Biblische Wundergeschichten als Lebenshilfe«, und: Wie kann ich verhindern auszubrennen, mich nur noch leer, erschöpft, ausgebrannt und depressiv zu fühlen? »Aufatmen und neue Kraft schöpfen – 12 Schritte aus Krisen und Erschöpfung« und die CD »Ausgebrannt? Aufatmen – Kraft schöpfen – Neu werden«[1] versuchten, darauf Antwort zu geben. Es war und ist mir wichtig, lebens- und alltagsnah, konkret und praxisbezogen zu reden und zu schreiben und nur Erfahrenes und Erprobtes weiterzugeben. Viele Gespräche und Anregungen in meinen zahlreichen Veranstaltungen, Vorträgen und Beratungsgesprächen der letzten Jahre finden darin ihren Niederschlag.

Das gilt so auch für *dieses* Buch: Seit Jahren, gar Jahrzehnten lebe ich selbst dankbar und bereichernd mit dem »heilenden Jahreskreis«, wie er sich mir mehr und mehr erschloss: Mit der positiven, verwandelnden, aufbauenden und heilenden Wirkung der verschiedenen Etappen des Jahres: den Festen, Jahreszeiten und Zeit-Räumen, die es uns alljährlich zur Erneuerung anbietet. Ich nenne sie heute: »Grundkräfte des Lebens«! Sie liegen in jedem Monat und jeder Jahreszeit. Wir werden sie im Folgenden nun Schritt für Schritt erschließen und fruchtbar machen durch Reflexionen, aufbauende Gedanken, Meditationen, Impulse, Rituale und Affirmationen.

Das Konzept

Für meine Arbeit, meine Vorträge, aber auch für mein eigenes Leben waren und sind für mich dabei die Fragen leitend: Was hilft? Was heilt? Was bringt mir neue Power, neuen Schwung, innere Heilung und Erneuerung? Wie komme ich in eine tiefere Verbindung mit der Lebenskraft?

Dieser Tage lässt sich beobachten, wie stark jedwede Art von Glücksliteratur boomt, ja geradezu überhandnimmt. Glücksratgeber aller Art haben Hochkonjunktur: Bisher wurde dabei allerdings fast immer übersehen, dass wir im System der Feste des Jahreskreises ein exzellentes Angebot haben, wie wir die Grundfaktoren gelingenden Lebens, die »Glücksfaktoren«, aktivieren, pflegen und trainieren können.

Das Altbewährte neu zu entdecken, zu beleben und fruchtbar zu machen, darum geht es in diesem Buch, und dies eingängiger als in sogenannten Glücksratgebern zu erleben, da die Grundkräfte tiefer in den Seelen der Menschen verankert sind als dies durch mancherlei neues Fast-happiness-Programm suggeriert wird. Das bedeutet eine völlig neue Deutung der altbekannten Feste mit dem Ziel, Menschen hinzuführen zu mehr Glück, Erfüllung und gelingendem Leben.

In diesem Sinne geht es im Folgenden – anhand des Jahreskreises, Monat um Monat den Kalender entlang – um *Themen und Aspekte gelingenden Lebens:* Wie wird unser Leben ganz und heil? Was darf nicht fehlen? Was gehört zu uns, will akzeptiert und integriert, wahr und ernst genommen werden, damit wir »volles Leben« haben, rund und vollständig? Damit wir uns entwickeln können hin zu mehr Reife, Weisheit, Zufriedenheit und tiefem Einverständnis? Versöhnung finden mit unserer Größe und unseren Grenzen, mit den Licht- und Schattenseiten, mit dem eigenen Geheimnis und im Einklang mit dem »großen Geheimnis«, wie – so nehme ich es staunend auf – die Indianer den Ursprung, das Ziel, den Urgrund des Lebens nennen, Gott, die »Quelle« von allem, was ist.

Wir können lernen, uns auf dieses Lebensprogramm einzulassen, können uns davon prägen, anregen und lehren lassen hin zum wahren Leben: das sich nicht um Krisen drückt, das mit Freude lebt und Schwerem standhält, das »mitten in der Nacht das Licht sieht« und es schafft, voll Mut und Zuversicht »immer wieder neu anzufangen«, wie ich das z.B. im Hinblick auf den Aufbruch und Aufstand von Ostern im späteren Kapitel zum April formuliere.

Konzentration und Reduzierung

Wir werden monatsweise das Kalenderjahr entlanggehen und greifen in *jedem* Monat nur *ein* Fest heraus, obwohl einige Monate ja mehrere Feste haben.[2] In jedem Monat wird dieses Fest mit nur *einem* Schwerpunkt betrachtet, der zu einem glücklichen, zufriedenen Leben beiträgt. Wir erfahren, wie das Fest uns zum Leben einlädt, zur Sammlung, zur Übung, zur Achtsamkeit, welche *Grundkraft* uns als Impuls zu einem erfüllteren Leben begegnet. *Ein* Fest, *ein* Grundgedanke, *ein* Aspekt, der uns begleitet, *ein* Prinzip, das bedeutsam erscheint als Faktor, als Konzept, als Kraft für uns, damit Leben gelingt, damit wir »Leben und volles Genüge haben«. Die »beweglichen Feste« Ostern und Pfingsten behandeln wir bei den Monaten, in die sie terminlich überwiegend fallen: April und Mai.

Gedanken, Impulse, Rituale und Affirmationen

Jeden Monat betrachten wir in sich abgeschlossen, durch grundlegende Überlegungen, anregende Gedanken und Informationen. Zur Vertiefung bietet jeder Monat *Impulse*, um sich der dargestellten Heilungs- und Grundkräfte bewusst zu werden. Und zur Weiterarbeit und Steigerung der Wirkung ins Leben hinein, bietet jeder Monat auch ein oder mehrere *Rituale* zur Umsetzung in der eigenen Lebenspraxis. Am Ende schließt jeder Monatsabschnitt mit ermutigenden Leit- und Meditationssätzen zur Vertiefung, mit *Affirmationen*, die den Erkenntnis- und Aneignungsprozess unterstützen wollen und dabei helfen sollen, das Gelesene konkret in der Seele zu verankern und mit Leben zu füllen.

Unterstützend und begleitend zu diesem Buch habe ich auch eine CD gestaltet mit heilsamen Meditationen für jede Jahreszeit unter dem Titel: »Grundkräfte des Lebens – Meditationen für

Gestresste«.[3] Sie bietet nach einführenden meditativen Gedanken zu jeder Jahreszeit und ihrem Festkreis jeweils ein Gedicht, aufbauende und stärkende Zusprüche an sich selbst, *Affirmationen*, in Verbindung mit einer Körpergeste oder -bewegung als Körpermeditation, und schließt mit einem einfachen, in die Tiefe wirkenden Lied. So kann sich Stress lösen, neue Kraft wachsen und das Leben in eine neue Balance kommen.

Ein regelmäßiges Ritual

Wir werden die Anregungen, Gedanken und Impulse jedes Monats mit einigen Affirmationen beschließen. Affirmationen sind »Kraftsätze«, »Bekräftigungsworte« (von lateinisch *firmus:* stark; *affirmare:* bestärken, bekräftigen). Sie regen dazu an, das Gelesene tiefer in sich einzusenken und weiterwirken zu lassen. *Wie ist damit umzugehen?*

Am besten wählen Sie aus den aufgeführten Sätzen zunächst den aus, der Sie am meisten anspricht oder berührt. Gestalten Sie mit diesem Satz dann etwa sieben Tage lang ein kleines *Ritual:* Sie setzen sich bequem aufrecht hin, sorgen dafür, dass weder das Telefon noch sonst etwas oder jemand Sie stört, lassen sich ganz bewusst nieder auf einem Stuhl oder einem Sitzkissen und lassen los – Ihr Gewicht und Ihren Atem. Ge-lassen über-lassen Sie sich der Sitzfläche und dem Boden. Sie nehmen Ihren Atem wahr, ohne einzugreifen, im ruhigen Ein und Aus. Beim Ausatmen spüren Sie vielleicht sogar ein kleines Lächeln: Schön!

Und dann sprechen Sie den ausgewählten Satz zunächst laut vor sich hin: Sie sprechen ihn sich selbst zu – nachdenklich – gelöst – empfangend. Einige Male hintereinander und lassen ihn danach in sich weiterklingen – ohne Anspannung oder Druck, ohne Hast, ohne große Absicht, Sie lassen ihn einfach wirken. Sie »atmen« sozusagen diesen Stärkungssatz. Beschließen Sie diese kleine Übung bitte immer mit dem Satz: »Ja, das ist gut!« Es wird

Ihnen guttun! Wenn Sie möchten, können Sie nach diesen ersten sieben Tagen mit einer weiteren Affirmation genauso verfahren.

Die Frage nach dem Anfang

Auf unserem gemeinsamen Weg durch dieses Buch werden wir also, liebe Leserinnen, liebe Leser, mit dem üblichen Jahresanfang beginnen: dem Monat Januar. Aber das ist gar nicht selbstverständlich, denn der Jahresanfang liegt bei manchen Völkern durchaus in einem anderen Monat oder gar in einer anderen Jahreszeit.

Daher wenden wir uns zur Hinführung noch der Frage zu: Wann ist eigentlich der Anfang des Jahres – für mich? Für Sie?

Der Jahresanfang, wie er sich in unserer Kultur in den letzten Jahrhunderten eingebürgert hat, liegt am *1. Januar*. Janus, von dem dieser Monat seinen Namen bekam, war ein römischer Gott, der zwei Gesichter trägt: Er schaut zugleich zurück in die Vergangenheit und voraus in die Zukunft. So ist der 1. Januar der Wendepunkt des Jahres heute. Andere Kulturen hatten andere Daten für den Jahresanfang.

Bei uns beginnt das Jahr mitten im kalten Winter, am 1. Januar, und das christliche Festjahr sogar gegen Ende November/Anfang Dezember mit dem ersten Advent. Wir sind es gewohnt – aber haben Sie schon einmal darüber nachgedacht? Bei den alten Römern lag der Jahresanfang am *1. März*. Wenn der Frühling kommt, wenn alles aufbricht in der Natur, begann bei den Römern das Jahr. Im Engadin, im romanischen Teil der Schweiz, feiert man das am frühen Morgen des 1. März (an »Chalandamarz«) noch heute mit lebendigen festlichen Umzügen, lautem Peitschenknallen und verschieden großen Kuhglocken, welche die Jungen, um den Bauch gebunden, mit dem Becken wippend rhythmisch bewegen – alte Fruchtbarkeitskulte lassen grüßen.

Mit diesem schönen, alten Brauch leitet – oder auch läutet – die Engadiner Jugend alljährlich den Frühling ein. Und so wird durch Peitschenknall und den Lärm ihrer Glocken der Winter vertrieben – von Dorf zu Dorf mit unterschiedlichen Ritualen – und ein neues Jahr begonnen! Spuren davon, dass der 1. März der römische Jahresanfang war, finden wir übrigens heute noch in unseren Monatsnamen: unser neunter Monat, der »September« heißt im Lateinischen »der Siebte«, Oktober heißt »der Achte«, November »der Neunte« und Dezember »der Zehnte«, das ist alles gerechnet von einem Jahresanfang am 1. März aus.

Bei den alten Kelten war es der *1. November*, mit dem das Jahr begann. Der Kalender der Kelten richtete sich nach der Sonne und dem Mond. Im Gegensatz zu anderen Kulturen kannten die Kelten nur zwei Jahreszeiten, Sommer und Winter. Der Sommer begann am 1. Mai, also im Anschluss an Beltane (heute noch als »Walpurgisnacht« bekannt!). Der Winter begann am 1. November, ebenfalls im Anschluss an ein Fest: das Samhain-Fest. Samhain war das wichtigste Fest der Kelten: In dieser Nacht herrschten besondere Gesetze, die Lebenden wie die Toten konnten die Grenze in die »andere Welt« überschreiten. Diesen Jahresanfang hat das Christentum sozusagen »getauft«, indem man nach der Missionierung und Christianisierung der Kelten ein besonders großes Fest des Christentums genau dorthin gelegt hat: »Allerheiligen«. Gleichsam um das Alte zuzudecken, das vom Totengedenken und Gruseln geprägt war – die Bräuche von Halloween erinnern heute noch daran.

Im Judentum ist der Jahresbeginn, beeinflusst durch den Mondkalender, ein bewegliches Fest, welches in den *Herbstmonaten* liegt. Eigenartig, wie gesagt, aber bedenkenswert: Das Jahr beginnt mit Brachzeit, mit Ruhe, mit Rückzug in der Natur – zumindest in unserem nördlichen Kulturkreis. Vielleicht ein hilfreiches Modell für uns? Liegt darin bereits etwas Hilfreiches am

Reigen unserer Feste und Monate, dass sie den Anfang da setzen, wo alles ruht, zumindest in der Natur? In der bäuerlichen Welt war es auch jahrhundertelang so: Die Wiesen, Felder und Äcker ruhen, werden »in Ruhe gelassen«, Saat ruht – möglicherweise schon in der Erde – aber »unsichtbar« im Dunkel. Im Dunkel also fängt es an, das Jahr!

Das gilt übrigens auch für das christliche Kirchenjahr: Zur Zeit Luthers hat man in vielen Gegenden Neujahr am *25. Dezember* gefeiert. Daher dichtet Luther in einem seiner Weihnachtslieder, dass die Engel singen »und wünschen uns ein neues Jahr«. Ansonsten galt in der Kirchengeschichte, durch Papst Gregor im 6. Jahrhundert eingeführt, der 1. Advent als Beginn des Kirchenjahres, mit einer vierwöchigen Fastenzeit als Vorbereitungszeit für den Höhepunkt: Weihnachten, die Geburt Christi.

Fest steht, der Jahresanfang hat immer mit einer Neuausrichtung zu tun: »Jedem Anfang wohnt ein Zauber inne«, so formulierte Hermann Hesse in seinem bekannten Stufengedicht:

Stufen

Wie jede Blüte welkt und jede Jugend
Dem Alter weicht, blüht jede Lebensstufe,
Blüht jede Weisheit auch und jede Tugend
Zu ihrer Zeit und darf nicht ewig dauern.
Es muss das Herz bei jedem Lebensrufe
Bereit zum Abschied sein und Neubeginne,
Um sich in Tapferkeit und ohne Trauern
In andre, neue Bindungen zu geben.
Und jedem Anfang wohnt ein Zauber inne,
Der uns beschützt und der uns hilft, zu leben.

Wir wollen heiter Raum um Raum durchschreiten,
An keinem wie an einer Heimat hängen,
Der Weltgeist will nicht fesseln uns und engen,
Er will uns Stuf' um Stufe heben, weiten.
Kaum sind wir heimisch einem Lebenskreise
Und traulich eingewohnt, so droht Erschlaffen,
Nur wer bereit zu Aufbruch ist und Reise,
Mag lähmender Gewöhnung sich entraffen.

Es wird vielleicht auch noch die Todesstunde
Uns neuen Räumen jung entgegensenden,
Des Lebens Ruf an uns wird niemals enden …
Wohlan denn, Herz, nimm Abschied und gesunde.

HERMANN HESSE

Wonach richte ich mich? Wohin orientiere ich mich? Was ist mein Ziel, mein »Stern«, auf den hin ich mich ausrichte? Das sind Fragen, die viele von uns – nicht nur in der Zeit der Jahreswende, aber in jenen Tagen vielleicht besonders – bewegen. Das führt uns zu der Grundausrichtung des ersten Festes, das uns gleich am Anfang des Kalenderjahres im Monat Januar begegnet: Der 6. Januar, das Fest der »Heiligen Drei Könige« genannt, im liturgischen Kalender heißt es »Epiphanias«, das »Erscheinungsfest«.

JANUAR

»Nur, wer einen Stern sieht ...« (Dreikönig, 6. Januar)

Grundkraft Neuorientierung und Sinnfindung

In der christlichen Tradition steht im Grunde die Frage von »Neuorientierung und Sinnfindung« hinter der alten Geschichte von einigen Männern, die als Gelehrte ihrer Zeit, als Astrologen, ihr Leben lang intensiv Planetenforschung und Sternenkunde betrieben haben. Eines Tages begegnen sie etwas Neuem. Heute nennen wir es eine Konjunktion verschiedener Planeten (Jupiter und Saturn), die da am nächtlichen Himmel aufgetaucht ist, aussieht wie ein neuer Stern – Genaueres dazu später – und in diesen Männern etwas in Bewegung gesetzt hat. Sie lassen sich herausrufen aus dem Alltag, lassen sich ein auf eine Suche, eine Reise, ja fast schon eine Expedition, auf etwas ganz Ungewöhnliches und Gewagtes: einen weiten, unbekannten, neuen Weg!

Sie werden gemeinhin »die Weisen aus dem Morgenland« oder »die Heiligen Drei Könige« genannt, ihr Fest ist der »Dreikönigstag«, das Epiphanias- oder Erscheinungsfest am 6. Januar. Obwohl niemand so genau weiß, wie viele es gewesen sind: Auf die Zahl Drei – in der christlichen Zahlensymbolik Sinnbild für

Vollendung, das Göttliche – ist man wohl durch die Zahl ihrer Geschenke gekommen, die sie am Ende ihrer Suche, am Ziel ihrer Reise niederlegen, als sie das Kind gefunden haben: Sie schenkten ihm »Gold, Weihrauch und Myrrhe« (Matthäus-Evangelium 2,11).

Vom Suchen und Finden

Es ist eine Geschichte vom Suchen und vom Finden, die uns da, dargestellt durch diese Männer, Gelehrte und Wissenschaftler ihrer Zeit, symbolisch vor Augen gehalten wird. *Unser aller Fragen und Suchen* wird hier sozusagen stellvertretend inszeniert. Denn bei ihrer Suche nach Sinn, Ziel und Erfüllung ihres Lebens, nach Grund, Halt und Orientierung gehen Menschen verschiedene Wege. Manche nennen es eine spirituelle Suche, nennen es »Gott«, wonach sie suchen. Andere nennen es die »Lebenskraft«, Energie, das, was die große und die eigene Welt »im Innersten zusammenhält«. In der Tradition des Dreikönigs- oder Epiphaniasfestes wird dies ausgedrückt im Symbol des »Sterns«: Ein Stern rief Männer heraus aus ihrem Alltagstrott in eine neue Orientierung, einen Aufbruch zu etwas Neuem. Viele kennen diese Suche, dieses Sehnen, diese Sehnsucht!

Altgewohntes verlassen – neue Träume finden

Wie kann dieses Suchen – Sehnen – Finden praktisch aussehen, wenn jemand »seinem Stern« folgt? Vielleicht wie bei Johannes K., der als Teppichhändler zwar höchst erfolgreich gewesen war, aber dennoch nicht mehr erfüllt. Es rief ihn ein alter, ungelebter Traum: Musiker zu werden und zu komponieren. Im Alter von 38 Jahren fing er an zu studieren, Musik und Komposition, und machte danach begeisternde Musik. Eine ganze Reihe von Kassetten und CDs erschienen unter dem Motto »Musik zum Streicheln«. Einen Teil des Ertrags jeder Kassette und CD gab er als Spende an das Rote Kreuz, die Deutsche Altershilfe, Deutsche Herzstiftung, den Tierschutzbund, Bund Naturschutz, UNICEF, Aktion Sorgenkind u.a. Er hatte in seinem Leben alles hingegeben und gewagt – und er ist heute zufrieden, erfüllt und glücklich. Der Preis: Standortbestimmung, Neuorientierung, Neuanfang, das Risiko auf sich nehmen, wagen – und gewinnen.

Oder denken Sie an den berühmten Dirigenten Daniel in dem schwedischen Film »Wie im Himmel«: Er nahm Signale seines Körpers und seiner Seele ernst, gab seine Karriere auf und fand ein neues Leben in Zufriedenheit und Glück in seinem kleinen Heimatdorf – in der beglückenden Tätigkeit für einfache Menschen, zu deren Entwicklung und Entfaltung beizutragen. Oder da ist Philipp Brenninkmeyer, der Erbe des erfolgreichen Bekleidungskonzerns C & A. Er erkannte: Nein, ein Leben in der Bekleidungsindustrie, das ist es nicht – für mich nicht –, und entschied sich für eine Schauspielerkarriere. Er ist heute gefragt und berühmt in seinen Rollen und lebt so seine Bestimmung.

Die Frage ist immer: *Was ist mein Orientierungswert? Was ist mir lebenswert und wichtig?* Ich denke da z.B. an die 34-jährige Manuela aus Sri Lanka. Sie leitet eine gut gehende Gesundheitspraxis. »Aber«, sagt sie, mit leuchtenden und zugleich wehmütigen Augen, »bald gehe ich zurück in meine Heimat. Es ist zwar schön hier in der Schweiz und alles läuft gut. Aber das macht die Seele nicht glücklich. Die Menschen in meiner Heimat sind materiell ja viel ärmer als hier, aber innerlich sind sie viel, viel reicher.« Sie erklärt dies ganz ehrlich, ohne Pathos und deswegen will sie dort auch wieder hin, trotz ihres erfolgreichen Geschäftes hier. »Arm dran seid doch ihr hier …«

Was ist *mein* »Stern«, meine Orientierung, mein höchster Wert? Wonach richte *ich* mich aus? So fragte ich mich selbst, als ich das hörte.

Impuls

Was kann das für Sie heute konkret bedeuten? »Stern«-orientierung – neue Wege wagen? Was ist Ihr »Stern«/Leitstern? Welche inneren Träume, Impulse, Bedürfnisse klopfen, pochen oder rufen in Ihnen? Und wie gehen Sie damit um? Was machen Sie damit? Worauf noch warten? Was wäre, wenn Sie ihnen folgen würden? Und was, wenn nicht? Was hindert Sie eigentlich daran, aufzubrechen? Der Heraus-forderung zu folgen?
Nehmen Sie sich ruhig ein wenig Zeit zum Nach-denken und vor allem Nach-fühlen. Vielleicht machen Sie sich ja ein paar Notizen darüber, was Ihnen so einfällt. Und welche Schritte zur Verwirklichung nötig wären, was es dabei zu verlassen gilt, aber auch, was es zu gewinnen gibt!

Kehren wir nun wieder zu unserer Geschichte zurück von den Männern und ihrer Entdeckung eines Sterns. Was wir oft »Könige« oder »Weise« nennen, im urtextlichen Griechisch *Magoi* genannt, waren übrigens namhafte Wissenschaftler der babylonischen Kultur, sie waren sozusagen die Weltraumforscher jener Zeit, Astronomen und Astrologen zugleich.

»Babylon« und »Jerusalem«

Die Weisen sollen aus Babylon gekommen sein, ausgerechnet aus jener Stadt, in der Jahrhunderte zuvor das Volk Israel im Exil, in der Verbannung leben musste. Dies gibt diesem Ort eine besondere Bedeutung. Außerdem ist Babylon der Inbegriff einer Stadt der Wissenschaft: Hier sind die »Sucher« zu Hause, hier werden neue Entdeckungen gemacht und hier wird geforscht! Vor allem im Bereich der Astronomie und Astrologie. Babylon, im heutigen Irak, war zur Zeitenwende jahrhundertelang berühmt für seine hervorragende Wissenschaft und Forschung, besonders im Bereich der Himmels- und Sternenkunde. Dort wurde Astronomie auf verblüffend hohem Niveau betrieben! Ergebnisse jener Forschungen prägen uns sogar bis heute: Unsere bekannten Sternbilder/Tierkreiszeichen wurden bereits im alten Babylon als Strukturen am Nachthimmel entdeckt, beschrieben und gedeutet. Astronomie und Astrologie waren in jenen Zeiten eng miteinander verwandt und noch nicht getrennt.

Solche Wissenschaftler der damaligen Zeit also sind gemeint, wenn in der alten Erzählung griechisch von *Magoi*, von Magiern im Sinne von Sternkundigen, gesprochen wird – Übersetzungen nennen sie meist einfach die »Weisen aus dem Morgenland«. Sie entdeckten am Himmel eine besondere Planetenkonstellation – wir sprechen heute von einer Konjunktion von Jupiter und Saturn – die sie aufgrund ihrer Symbolik weit nach Westen ruft. Ein neues Zeitalter beginnt, und zwar in Palästina und sie wollen unbedingt dabei sein und machen sich auf einen langen Weg.

Sie brechen auf nach Westen, nach Palästina. Sie waren mit ihrer Karawane Wochen oder gar Monate unterwegs, getrieben von Hoffnungen, von großen Erwartungen: eine neue Zeit, neue Möglichkeiten. Sie verließen ihre Heimat, um dabei zu sein, um ein Teil dieser neuen Bewegung zu werden. Auf nach Westen – ausgerechnet ins Land der Juden.

Doch wohin wendet man sich, wenn man nach etwas Großem und Entscheidendem sucht? Oft dorthin, wo die Macht, die Gelehrsamkeit, die Wissenschaft vermutet wird. So wird erzählt, dass sie nach Jerusalem gelangen, an den Hof des Herrschers, zu Herodes. »Jerusalem« ist das Symbol für Gelehrsamkeit und Macht, für das Zusammenspiel von Wissenschaft, Geld und Politik. Dort erhoffen sie sich ihr Ziel, Lösungen, Orientierung und Antworten auf ihre großen Fragen.

Die Ent-Täuschung

Diese Geschichte vom Suchen und vom Finden ist, so glaube ich, wichtig für unser eigenes Suchen, Verfehlen und dann doch Finden – auch heute. Es wird erzählt, sie fanden in »Jerusalem«, da, wo sie Hilfe, Klärung und Antwort erwartet hatten, *nichts* – dies kennen wir auch heute. Es beginnt also mit der Erkenntnis einer Täuschung: Da, wo ich dachte, dass Grund, Ziel und Mitte zu finden sind, da finde ich keinen Halt und keinen Inhalt für mein Leben. Wir nennen das eine Ent-Täuschung – eine wichtige Etappe auf dem Weg der Reifung, der Erkenntnis, der Selbst-Werdung und Individuation. Die Korrektur, die die Weisen dann erfahren haben, mag schwer gewesen sein. Weg sollten sie von dort, weg aus der Hauptstadt, weg vom Bedeutsamen und Großartigen, hin in ein kleines Dorf »Betlehem«, staubig, stickig, unscheinbar und klein.

Sinn und Ziel im Kleinen, Unscheinbaren, Leisen …

Die Botschaft dieser alten Erzählung für unsere innere spirituelle sinn- und wertfragende Reise heißt also: im Kleinen, Unscheinbaren, im Unspektakulären und Unaufdringlichen und Leisen »Gott« begegnen, dem Sinn, dem Halt, dem Grund, dem Ziel. Nicht im Bombastisch-Spektakulären-Beeindruckenden, sondern im Kleinen, Alltäglichen und Normalen: In einem Haus fanden sie das Gesuchte, den kleinen Jesus. Doch es war ganz anders, als sie dachten. So geht uns das ja auch manchmal in Partnerschaften, bei großen Projekten, mit Lebensplänen, im Suchen und Finden von Berufen, Aufgaben und Herausforderungen: Dass es vielleicht ganz, ganz anders ist, als wir es uns ursprünglich vorgestellt haben. Auch wir brauchen einen »Leitstern«, der uns lockt, der uns führt, der uns heraushölt aus der Normalität des Alltags – es geht buchstäblich um eine »Heraus-Forderung«, bis man sich innerlich und äußerlich auf einen Weg macht! »Nur wer einen Stern sieht, rüstet eine Karawane aus«, so habe ich dies einmal formuliert. Es war sicher nicht einfach, besonders für die Menschen damals, diesen großen Aufbruch zu wagen, mit allen Konsequenzen: Das Vertraute und Sichere zurückzulassen und sich auf diese große Suche einzulassen. Und dann finden wir auf diesem Weg Korrekturen, erleben Frustrationen, wenn das Ziel nicht im herrlichen »Jerusalem« zu finden ist, sondern in dem kleinen und unscheinbaren »Betlehem«.

Impuls

Kennen Sie auch solche Wege der Hoffnung, des Aufbruchs, dann der Ent-täuschung, einer notwendigen Um- und Neuorientierung? Wann ist Ihnen das so ergangen und wobei? Und wie ging es weiter? Gab es eine Weiter-entwicklung und schließlich eine Ent-deckung? Vielleicht anders als erwartet? Vergegenwärtigen Sie sich diesen ganzen Weg, einschließlich seiner Umwege und Lehrgelder.

Was die Männer fanden, war ganz *natürlich*, *unscheinbar* und auch ganz *verwechselbar:* ein Kind wie jedes andere. So lernen wir manchmal erst nach einem langen Weg, dass das, wonach wir uns im Grunde sehnen, was wir brauchen und was unsere Sehnsucht stillt, ganz einfach, unscheinbar und natürlich sein kann.

Neue Wege gehen – Hingabe wagen

Nach der Begegnung mit dem Kind gehen die Weisen als Veränderte zurück, sie wählen einen anderen Weg in ihre Heimat, ihren Alltag. Neue, andere Wege wagen, das gehört zur inneren Reise – einem Stern folgen, auch wenn er zu einem anderen Ziel führt als erhofft, ersehnt, erwartet.

Es braucht aber auch ein *Zurück*, denn auch die herrlichsten Erfahrungen gehören zurück in den normalen Lebensalltag. Die

Zen-Tradition der »Ochsenbilder« zeigt dies, denn nach der großen Begegnung und Erleuchtung muss dieser Mensch wieder zurück auf den Marktplatz, zurück zu seiner Arbeit, seinem Leben. Auch die Hirten bei der Krippe an Weihnachten müssen zurück zu den Herden gehen, genauso wie nach der verwandelnden Gottesbegegnung jener große Weise, Rufer und Mahner der alten Welt, der Prophet Elia, weg vom Ort des Wunderbaren musste, »zurück durch die Wüste« (1. Buch der Könige, 19), um ins aktive Leben zurückzukehren, zu salben und zu segnen.

Auf einen anderen Weg – zurück in ihr Land, heißt wohl auch: diesen Weg anders und verändert zurückgehen. Fast möchte ich darin ein Kriterium geistlicher, spiritueller Erfahrung sehen: Führt der Weg nur weg vom Hier und Jetzt, oder hilft er, das Hier und Jetzt zu *verwandeln*, zu *verändern*, zu *transformieren*, es neu zu füllen und zu erfahren?

Impuls

Um es zu konkretisieren: Malen Sie sich doch einmal Ihre eigene Suche nach Ihrem »Stern« auf, die klaren Linien, die offenen Fragen oder verworrenen Wege, die Heraus-Forderungen, Ent-Täuschungen und Neu-Orientierungen, die damit verbunden waren. Bedenken Sie den Preis, den Ihr Weg Sie gekostet hat, wie damals diese Männer. Karawane ausrüsten, Geld beschaffen, Arbeit, Familie und Sicherheit verlassen, Gefahren riskieren. »Nur wer einen Stern sieht«, innerlich ganz ergriffen und gerufen, sich erfasst und gezogen erlebt, nur der hat dann auch die Kraft zu konkreten großen, kleinen, schönen oder auch schweren Schritten, das heißt »er rüstet eine Karawane aus«. So buchstabierte ich das selbst vor Jahren für mich durch. Und Sie?
Es heißt in der alten Geschichte »Sie taten ihre Schätze auf – und schenkten ihm Gold, Weihrauch und Myrrhe«, wertvolle Geschenke, Symbole für Reichtum, Gesundheit und spirituelles Leben. Durch diese Geschenke ist Weihnachten in der Tradition zu einem »Fest des Schenkens« geworden. Ein feiner Anstoß fürs Leben: Erfüllung im Schenken zu finden.

Schenken

Ein Beispiel von heute: Er ist ein erfolgreicher, selbstständiger Unternehmer im Allgäu, schon 70, aber immer noch fit und vital. Villa, Kois im Gartenteich, Porsche, BMW etc. Aber er hat auch ein soziales Empfinden. Er sagt: »Ich habe ein gutes Einkommen, warum nicht andere daran teilhaben lassen?« Spenden an Hilfsorganisationen mag er nicht, da komme ihm »zu viel weg« und versickere zum großen Teil in der Verwaltung, daher macht er das selbst. So fuhr er einmal in ein Kinderheim, verlangte die Oberin und frage sie: »Was brauchen Ihre Kinder zu Weihnachten?« »Na ja, sie würden sich sicher sehr über Schlittschuhe freuen.« »Okay: Welche Größe und wie viele brauchen Sie?« Und dann wurde das gekauft und er brachte es mit seinem Sohn hin. Und »das Besondere war«, so erzählt er heute erfüllt, »die Freude an der Freude der Kinder. Mein Sohn war begeistert, wie die sich gefreut haben«.

»Freude bei allen Beteiligten«, kann ich da nur sagen. Sinn und Glück im Geben finden, im Schenken: Das ist die Spur!

Impuls

Bringt Sie das auf Ideen? Sich Alternativen überlegen, etwas Ungewöhnliches tun, um zu schenken, um Glück zu verbreiten, für sich und andere zugleich. Vielleicht fallen Ihnen beim Nachdenken oder im Gespräch mit Vertrauten noch ganz andere, kleine und große, Möglichkeiten ein. Leben, Lächeln, Liebe verschenken, im direkten Umkreis und Kontakt, geben und dabei auch etwas empfangen – ideal.

Einige weitere Tipps zur Anregung:
Sorgen Sie bei Ihren lieben Mitmenschen und Freunden doch »einfach mal so« für Überraschung oder Verblüffung,

- weil die Nachbarn während des Urlaubs die Blumen nicht vertrocknen ließen,

- weil die Oma schon wieder so liebevoll auf die Enkel aufgepasst hat,
- weil Ihre beste Freundin / Ihr bester Freund Ihnen wieder mal so gut zugehört hat,
- weil Ihre Kollegin / Ihr Kollege Ihnen in einer kritischen Berufssituation so konstruktiv beigestanden hat,
- weil Sie Ihre Partnerin / Ihren Partner immer noch genauso verehren und lieben wie vor Jahren,
- weil Ihnen Ihre Freunde so tatkräftig beim Umzug geholfen haben
- oder, oder, oder …

Es gibt so viele Gelegenheiten, Danke zu sagen und Freude und Glücksmomente zu verschenken. Dafür eignen sich z. B. auch Geschenk-Gutscheine für Bücher, CDs, einen Kino- oder Theaterbesuch. Oder auch ein Geschenk-Gutschein für ein ausgiebiges Frühstück, einen Genießer-Brunch, ein gemütliches Festessen oder ein romantisches Candle-Light-Dinner.

Aber ich verstehe dieses Geben und diese Gaben in der Geschichte von den Weisen auch noch anders: als *äußeres* Bild für eine *innere* Hingabe. Unsere Schätze: Das sind unsere Erfolge, Großartigkeiten und Stärken, die wir gern zeigen und geben. Aber da ist auch das Wohlgehütete, Geheimgehaltene in uns. Es könnte auch noch etwas anderes geben, das wir innerlich wohl hüten, sorgsam geheim halten, weil wir es andere nicht merken lassen und ihnen nicht zeigen wollen: unsere Schattenseiten, unsere dunklen Seiten und Schwächen, unsere Verzagtheit, manchen Misserfolgen oder Charakterschwäche, Versagen, Ratlosigkeit oder Aggressivität, Seiten, die wir vielleicht an uns selbst nicht mögen, schon gar nicht anderen zeigen, sondern lieber verheimlichen wollen – fast wie Schätze behandeln. Was würde passieren, wenn wir diese nun mit einbeziehen würden? Nicht nur das Kostbare hingeben, sondern auch das andere, Schwere, Misslungene und Zerbrochene? Eine alte Geschichte drückt es so aus:

Ein Junge möchte dem Christkind etwas schenken. Nach und nach erkennt er, dass dazu auch alles gehört, was in seinem Leben schwierig, falsch, notvoll und verfehlt war.

Mir selbst sind diese Seiten begegnet, als ich bei der Vorbereitung einer Fernsehsendung über mein Buch »Die Heilkraft der Feste – Der Jahreskreis als Lebenshilfe« kurz vor der Sendung gesagt bekam, dass vor dem Schluss noch ein neuer Beitrag eingefügt werde über die Schattenseite von Weihnachten, über Einsamkeit, Selbstmordgefährdung, Verzweiflung und Psychiatrie am Heiligen Abend. »Wie bitte«, fragte ich, »und das soll ich dann in eineinhalb Minuten auffangen und abschließen?« Ich war ziemlich geschockt und ratlos, erbat mir eine Pause und ging aufgeregt spazieren. Plötzlich war es mir, als ob mir von links hinten eine Klarheit komme, eine Botschaft »hingeschoben« werde, die hieß: Genau das ist es doch, *alles* von mir, alle Seiten meiner Seele, meines Lebens, meine Freuden *und* Kümmernisse, mein Lachen *und* mein Weinen, meine Begeisterung genauso wie meine Verzweiflung und Not, das Lichte *und* das Dunkle, eben alles an mir, das, was jauchzt, wie das, was schreiend klagt, hinhalten, hin zur Krippe, hin zum Licht, hin ins Bewusstsein, ins »Nichts«, hin »zu Gott«, wie Glaube und Hoffnung sagen würden. Das alles, dieses Gemisch von Gut und Böse, von Schrecklich und Schön, das alles bin ich: Leben, ich halte es dir hin. »Ich halte meine Seele in die Sonne …«, so wie es ist, »so wie ich bin, so komme ich …«

Und genauso habe ich es dann zum Abschluss dieses Interviews gesagt – scheinbar ganz einfach, in den mir verbleibenden wenigen Minuten. Dank der wunderbaren Ein-gebung, des Einfalls von »links hinten«. Mir selbst war das eine wahre »Engelserfahrung« (warum ich das eine »Engelserfahrung« nenne, wird deutlicher werden, wenn wir uns im Monat September mit den »guten Mächten« vertraut gemacht haben!), diese Wandlung einer Katastrophe in eine für mich positive Erfahrung, in dieser Situation die rechten Worte zu finden. In dieser Situation hatte alles einen Platz: unser/mein ganzes Glück, mein ganzes Elend, meine Größe, meine Not – eben alles hin-halten, hin-geben, ab-geben und darin frei werden für einen neuen Weg.

Die Weisen jedenfalls haben, so heißt es, gefunden und haben gegeben – alles hingegeben. Und wurden darin frei für ihren neuen Weg.

Was nehme ich mit?

Der Hinweis, den wir in der Geschichte der Weisen für unsere eigene Suche nach Sinn und Orientierung als Impuls für gelingendes Leben empfangen, scheint mir besonders darin zu liegen, dass es durchaus zum Weg des Findens gehört, dass er über Umwege geht, dass er nicht unseren üblichen Vorstellungen folgt, denn zu feste Vorstellungen stehen uns manchmal im Weg wie eine Bretterwand. Das ist ja die ursprüngliche Bedeutung des Wortes »Vor-stellung«, dass sich etwas zwischen uns und den Weg »stellt« und uns so die Sicht verstellt. Sinn findet man oft ganz anders, auf verschlungenen Pfaden, nicht dort, wo man etwas erwartet hätte – vielleicht viel kleiner, innerlicher und vor allem nicht in der Lebenshaltung des Wollens, Greifens, Haltens und Habens oder (immer mehr) Haben-Wollens, sondern gerade umgekehrt: in der Hingabe, im Mich-Verschenken. Kennen Sie das auch? Erfüllung finden nicht im Fordern, sondern in der Hingabe.

Impuls

Überlegen Sie einmal in Ruhe, wo Sie genau das auch schon erlebt haben: Erfüllung finden nicht im Fordern, sondern in der Hingabe, im Sich-Verschenken. Wann? Mit wem? Oder: Bei wem kennen Sie das auch? Wo haben Sie diese Form des Glücks, die Kraft und die Wirkung solcher Umorientierung und Sinnfindung, schon miterlebt?

AFFIRMATIONEN

Lassen Sie uns nun auf die Erkenntnisse und Impulse des Monats Januar für unsere »Sinnfindung und Neuorientierung« zurückschauen und all die Gedanken, das Geschriebene/Gelesene durch einige bekräftigende Sätze, durch sogenannte »Affirmationen« vertiefen und stärkend ins Leben einbetten. Wir werden dies im Folgenden bei jedem Monat tun. Wie man dabei genauer vorgeht, habe ich gegen Ende des Einführungskapitels auf S. 16 unter »Ein regelmäßiges Ritual« beschrieben.

- In meinem Leben will ich immer wieder wachsen, mich wandeln und mutig neue Schritte wagen.
- Im Auf-bruch verwandle ich meine Alltagsroutine und schaffe den Durch-bruch.
- Ich finde meinen eigenen »Leitstern«, neue Orientierung, tieferen Sinn, klare Ziele – vielleicht anders als erwartet –, und das gibt mir Kraft.
- Ich folge immer mehr meinem eigenen »inneren Stern« und finde so Ziel, Mitte und Sinn.
- Das Wesentliche finde ich im Kleinen, Unbedeutenden, Unscheinbaren und Leisen.
- »Nicht müde werden,/sondern dem Wunder/leise/wie einem Vogel/die Hand hinhalten« (Hilde Domin).
- Ich erkläre mich jetzt einverstanden mit den (Um-)Wegen in meinem Leben. Auch Ent-täuschungen bringen mich weiter und führen mich zum Wesentlichen.
- Nicht im Fordern und Haben-Wollen, sondern in Hingabe und Liebe finde ich immer neu Erfüllung, Zufriedenheit und Seelenfrieden.

FEBRUAR

Masken – oder: Wer bin ich? (Fasching)

Grundkraft Rollenklärung und Rollenflexibilität

Am Beginn des Monats Februar gibt es ein Fest, das meist nur Katholiken vertraut ist: »Maria Lichtmess« am 2. Februar. Es ist ein Gedenktag: Jesu Eltern haben ihn 40 Tage nach seiner Geburt zu einer speziellen Segnung in den Tempel von Jerusalem gebracht. In bäuerlichen Gegenden vergangener Jahrhunderte war der 2. Februar auch der Tag, an dem die Knechte und Mägde ihre Arbeitsstelle auf den Bauernhöfen verlassen und sich eine neue Arbeit suchen konnten.

Viele kennen dieses christliche Fest und seine Bedeutung heute nicht mehr. Viel bekannter ist, zwar kein speziell kirchliches Fest, sondern eine Festzeit, die in jenen Wochen viele Menschen beschäftigt: der Fasching, die Fas(t)nacht oder der Karneval – je nachdem, wie man diese Zeit in den verschiedenen Gegenden nennt.

Fasching im Festkalender?

Fasching ist nicht so sehr ein Teil des originären Kirchenjahres, er ist ein Teil des typischen »Menschenjahres«. Für viele Menschen ist das eine wichtige Zeit, sie können in der Zeit nach Weihnachten und vor dem Aschermittwoch ausgelassen feiern. Es ist die Zeit der Lust und der Freude, die Zeit des Faschings oder Karnevals. Das Wort Karneval kommt vom lateinischen *carne vale* und heißt »lebe, Fleisch!«, »Es lebe die Lust« sozusagen.

Die Kirchen haben durch die Jahrhunderte diese Zeit verschieden beurteilt, oft argwöhnisch betrachtet und beäugt – oder auch gefördert und unterstützt oder verstanden. Doch sie haben erkannt, dass der Mensch auch dieses braucht: aus sich herausgehen, über die Stränge schlagen, an die Grenzen gehen, die ab Aschermittwoch wieder gelten. Denn ab Aschermittwoch kommt das andere, für das Leben ebenso wichtige Thema zur Geltung: das Fasten, Leiden – eine schwere Zeit. Doch in der Faschingszeit heißt es noch einmal lockerlassen, genießen, mich ausprobieren, experimentieren, ergründen, wer ich alles bin und wer ich *wirklich* bin. Denn das gehört zu dieser Zeit des Karnevals (vor allem in der früheren Zeit, aber ebenso auch noch heute): sich verstellen, sich verkleiden, spielen, Masken tragen.

Fasching, Fastnacht, Karneval

Besonders intensiv wird Karneval heute im Rheinland gefeiert. Bekannt sind die Umzüge in großen Städten wie Köln, Düsseldorf und Mainz, daneben gibt es in vielen weiteren Städten Traditionen, die im Karneval gepflegt werden. Nicht überall heißt diese Zeit Karneval, sondern auch Fastnacht oder Fasching. In Süddeutschland z.B., oder in der Schweiz und in Österreich, heißt der Karneval durchweg Fastnacht. Seit alten Zeiten ziehen die Menschen mit Masken durch die Straßen, manchmal in besonderer Verkleidung, als Hexen mit Besen, manche Gestalten tragen auch Glocken oder Peitschen[4], hier hat jedes Gebiet seine eigenen Traditionen.

Wer da gerne mitfeiert, mitunter wochenlang, und das sind viele, nicht nur im deutschsprachigen Raum, den beschäftigt dann oft die Frage: Als was gehe ich? Als was gehe ich *diesmal?* Als was gehst du? Es geht um die Verkleidung, die Rolle, die man annimmt, die Figur oder Rolle, die man diesmal spielt, die Maske, mit verschiedenen Rollen oder Charakteren.

Tiefenpsychologisch betrachtet …

Schauen wir uns das etwas genauer an – auch wenn es keine speziell verordnete kirchliche Festzeit ist –, was das für die Seelen, das Leben, tiefenpsychologisch betrachtet bedeutet. Es geht um unsere Rolle im Leben, in der Gemeinschaft, um unsere Masken und die Frage: Wer bin ich?

Vieles an uns selbst kommt im Feiern und Treiben von Fasching und Karneval ans Licht, denn psychologische Wahrheiten offenbaren sich nicht nur in Träumen. In Bräuchen wie der Fastnacht brechen ebenfalls tiefe psychologische Inhalte durch. Unbequeme, verdrängte und vom Bewusstsein ferngehaltene Fantasien und Gedanken können dank der Fastnacht sehr gut ausgelebt werden. Während weniger Tage darf der Bürger sich völlig anders als gewöhnlich benehmen. Was sonst streng verboten ist, wird toleriert. Als Medizinstudent beteiligte sich C. G. Jung gerne an der Basler Fasnacht und forderte später immer wieder ausländische Freunde und Schüler auf, diesen Ausbruch unbewusster Inhalte mitzuerleben. Seiner Ansicht nach zeigt sich in der Fastnacht die wahre Identität des Schweizers. »[…] die wahre Identität, die sich im Unbewussten verbirgt. Diese Menschen tragen in sich eine verborgene Schicht, die gewöhnlich nicht in Erscheinung tritt. In der orgiastischen Erfahrung der Fastnacht kommt sie plötzlich ans Licht, weil sie sich gehen lassen dürfen«, kommentiert der Analytische Psychotherapeut Dr. Gerhard Adler in einem Interview[5] das Phänomen Fastnacht.

Die Basler Fasnacht

Stellvertretend für die vielen verschiedenen Fastnachts-/Faschings-/Karnevalsbräuche in unterschiedlichen Ländern und Gegenden befassen wir uns – wie C. G. Jung – hier nun besonders mit der Basler Fasnacht. Einige Gedanken und Beobachtungen zu dieser exemplarischen Tradition: In Basel, wie auch anderswo in der Schweiz, werden Hunderte von Stunden aufgewendet, um in mühsamer Arbeit jedes Jahr neue Masken zu kreieren. C. G. Jung konstatierte, dass wir auch im Alltag eine Maske tragen, die *Persona*. *Persona* ist das lateinische Wort für die Maske des Schauspielers. Er erklärt es so: »Die *Persona* ist zum Teil das Ergebnis der Ansprüche, die die Gesellschaft an uns stellt. Andererseits ist sie Ausdruck der Wunschvorstellung, die man von sich selbst und seinem Erscheinungsbild hat. Aber sie entspricht nicht unserer wahren Persönlichkeit, auch dann nicht, wenn die Betreffenden versichern, es sei alles ganz echt und ehrlich. Diese Darstellung der *Persona* ist so lange unbedenklich, als man sich im Klaren darüber ist, dass man mit seinem äußeren Erscheinungsbild nicht identisch ist.«

Während der Fasnacht dürfen geheime Fantasien und Gedanken – wenn auch verhüllt – geäußert werden. Im Schutz der Maske kann man sich über Freunde und Bekannte lustig machen und ihnen sogar Bosheiten an den Kopf werfen, die während des Jahres unterdrückt werden müssen. Unbewusste Inhalte dringen an die Oberfläche. Dank der Verkleidung, der Fasnachtslarve, können wir die Maske, die wir *sonst* zu tragen pflegen, ablegen. »Wir müssen uns bewusst werden, dass wir *immer* eine Maske tragen. Und wir müssen lernen dahinter zu schauen. Andererseits hat die Maske auch eine notwendige Funktion. Denn wir können nicht jedem mit unserem wahren Wesen ins Gesicht springen«, so noch einmal Dr. Gerhard Adler.

C.G. Jung war fasziniert vom »Morgenstreich«. Er stand an dem betreffenden Tag, dem Fastnachts- oder auch Rosenmontag, jeweils um 3 Uhr früh auf, um zusammen mit Freunden diesen Höhepunkt der Basler Fasnacht zu erwarten. Kurz vor 4 Uhr erlöschen alle Lichter der Stadt, der Glockenschlag der Kirchen gibt dann den Auftakt zum heidnischen Treiben der Cliquen. Die Piccolospieler und Trommler übernehmen nun das Regime und die Laternenträger ziehen durch die Gassen der Stadt. In den frühen Morgenstunden sind die Straßen voll vom Lärm der Cliquen und erfüllt von den Bildern dieses kollektiven Treibens. Bei Tagesanbruch erkennt man die Masken und Kostüme deutlicher. Es ist dann, als bevölkere ein Kongress von Märchenfiguren die Straßen und Plätze. Erst bei vollem Tageslicht werden die Larven abgenommen. Darunter kommen die gewohnten Alltagsmasken zum Vorschein. Man verbirgt sich wieder hinter seiner *Persona*. Am Nachmittag beherrscht der Fasnachtsumzug mit den verschiedenen Cliquen und ihren vielfarbigen Motiven die Szene, begleitet von den Klängen der »Guggenmusik«, was nichts anderes bedeutet als Teufelsmusik. Mit den Parodien auf Politiker, mit der beißenden Kritik an Prominenten und den Schnitzelbänken, auch Bänkelgesang genannt, zu aktuellen Themen erfüllt die Fasnacht eine wichtige psychologische Funktion.

Das Fasnachtsritual ermöglicht es, Gedanken, Fantasien und bisher unausgesprochene Kritik offen zu äußern. Dank der Larve können wir die *Persona*, diese wohlanständige Maske, derer wir uns im Alltag bedienen, ablegen und das Unbewusste hervortreten lassen. Jungs Enkel Dieter Baumann ist der Meinung: »Es ist schwer zu erklären. Aber bestimmt steigt hier das Unbewusste empor, und es wird eine Verbindung hergestellt mit unserer [...]

naturhaften Vergangenheit. Ich glaube, in der Fasnacht manifestiert sich eine unbewusste Religiosität.«[6] Wir sind frei von Konventionen und Rücksichten und können ausleben, was sonst im Alltagsleben oft keinen Platz bekommt und wer wir sonst noch sind.

Auch das Dunkle – der Schatten

Obwohl die Faschingszeit nicht explizit im kirchlichen Festkalender steht, ist sie doch fest im Brauchtum bestimmter Gegenden verankert. Diese Zeit von Fasching/Fas(t)nacht/Karneval ermöglicht es uns Menschen, auch das Freche, Umtriebige, Dunkle, das Spielen, Lachen, die Gelüste auszuleben – hinter allem steht dabei die Frage: Wer bin ich? Was steckt alles in mir?

Wir erleben hier die Begegnung mit uns selbst, auch die Begegnung mit unseren Schatten. Auch diese werden oftmals ganz derb und drastisch dargestellt, als »Fratzen«, Teufelsgestalten, Hexen, »wilde Leute« etc., fast wie Darstellungen des »Bösen«. Gerade im alemannischen Bereich, in vielen Teilen der Schweiz und in der Basler Fasnacht kommt in den Masken und Kostümen der Menschen deutlich das Dunkle, Gefährliche, Geheimnisvolle und Bedrohliche zum Ausdruck, das *auch* zu uns gehört.

Auch die Kirche besinnt sich in den kirchlichen Feiern der sogenannten »Heiligen Woche«, der Karwoche, auf diese dunklen Schattenseiten. Besonders in den Tagen von Gründonnerstag und Karfreitag werden die Soldaten oder Judas und Petrus zu Symbolfiguren für das Dunkle in uns: Bin ich das *auch*? Bin ich auch einer, der verleugnen kann – wie Petrus? Auch einer, der die dunkle Rolle übernimmt, die zwielichtige, wie Judas – von dem vielleicht noch offenbleiben muss, wer er ist und was er wollte? Wird Judas doch beschrieben als einer, zu dem Jesus sagt: »Tue es bald!«, und der auch teilhat an dem letzten großen Mahl. Der ja, als er Jesus an die Soldaten ausliefert, dies mit einem Kuss tut und von Jesus angeredet wird mit »mein Freund«[7].

Helles und Dunkles – auch in mir?

Es liegt eine erstaunliche Faszination in den grässlichen, grusligen Masken, die uns bei den verschiedenen Kostümen und Fastnachtsumzügen begegnen, Schauder, Grusel, Abstoßendes und Begeisterung liegen so nah zusammen. Vielleicht ja auch *in uns*? In der Tiefenpsychologie nennt man nicht nur das Dunkle, sondern auch das uns Unbekannte, Abgelehnte, oft auch das Besondere, Hervorragende und das Nicht-Bewusste in uns »Schatten«. Solche »Schatten« können in der Kunst, im kreativen Schaffen und auch in der Maskierung der Fastnacht zum Ausdruck kommen und Gestalt gewinnen. Was könnte da doch alles zum Vorschein kommen: Wollen Sie an dieser Stelle einmal einen Blick in Ihr Inneres wagen?

Impuls

Was stört oder nervt Sie manchmal am Verhalten anderer? Was kann Sie sogar in Rage bringen? Worüber ärgern Sie sich besonders? Oder was macht Ihnen vielleicht sogar Angst? Kann es sein, dass Sie sich selbst solche Verhaltensweisen, Regungen und Impulse im Inneren strikt verbieten – ja, sich nicht einmal vorstellen wollen, und andere tun das einfach?

Wenn Sie wieder einmal über jemanden wütend sind, sich von jemandem enttäuscht fühlen oder auch jemanden lobens- oder bewundernswert finden, halten Sie einen Augenblick inne und stellen sich innerlich die Frage: Ist er vielleicht »ein Stück von mir«? Sehe ich in ihm etwas, was ich selbst *auch* habe, gerne hätte, haben möchte, als Wunsch oder auch Sehnsucht oder auch Furcht in mir trage? Oder regt es mich vielleicht gerade deshalb so auf, weil ich die Tendenz dazu auch in mir spüre, aber immer neu – vielleicht mit großem Kraftaufwand – zu beherrschen und zu bekämpfen suche? Dann wäre es auch ein Stück von mir und der andere für mich nur gleichsam wie ein Spiegel! Ist es Ihnen möglich, einmal vorurteilsfrei da hinzuschauen, all das zu sehen, ohne es zu bewerten, zu verurteilen, sondern alles einfach nur wahr-zunehmen?

So führte uns nun Fastnacht/Fasching/Karneval zu den vielleicht geheimsten Tiefen in uns selbst, zu unserer eigenen Schattenseite. So eng liegen das Helle und das Dunkle – auch in uns selbst – zusammen.

Masken

Rollen spielen, Masken tragen, den »Schatten« ausleben: Eine Frau im Aufbruch, Paula, 36 Jahre alt, machte sich in ihrem Tagebuch einmal ganz klar, was sie an der Fastnacht in ihrem schweizerischen Heimatort so liebt und warum und was ihr daran besonders wichtig ist. Staunend las ich diese Zeilen, die sie mir anvertraut hat: »Masken faszinieren Erwachsene und Kinder gleichermaßen. Eine Maske tragen heißt: Darunter darf man sein. Gefühle, Ängste und verborgene Kräfte werden frei, befreit durch die Maske selbst. Vielleicht ist die Maske in diesem Moment dein wahres Gesicht, der Clown, der Bösewicht, der Narr/die Närrin, die Hexe und noch vieles andere mehr … Unsere vergewaltigten, unterdrückten, verheimlichten Gefühle und Wünsche werden plötzlich wach und frei. Endlich für zwei oder drei Tage befreit. Da werden Schüchterne hemmungslos, frech und wild. Ängstliche mutig, heldenhaft und stark. Ernste werden närrisch, kindisch, fröhlich und laut. Ja, vor allem laut darf man sein, im Sprechen, im Schreien, im Stampfen und Tanzen, alles ist erlaubt. Eine herrliche, befreiende Zeit! Fastnacht: Zeit für Freude, Freiheit, Ausgelassenheit und Glück. Da entdeckst du vielleicht dein inneres Ich. Die *Maske demaskiert* die Maske des ganzen Jahres. Unter dem Schutz der Maske fühlt man sich frei und leicht. Zwei Tage im Jahr zeigte die Maske, die Verkleidung, dein wahres Gesicht: die Freude, das Temperament, die Lebenslust: die Sehnsucht nach Leben ist befreit. Man darf endlich närrisch sein und niemand kennt dich – denn so wie ich mich da gab, so kannte man mich nicht: Ich war immer lieb und brav, angepasst und unscheinbar.

Doch dann die Demaskierung um Mitternacht, wenn die närrische, wahre Zeit vorbei ist? Das Besondere oder Gute daran: Niemand hat das Recht, dir/mir die Maske vom Gesicht zu nehmen oder sie sogar wegzureißen. Es gibt ein ungeschriebenes Gesetz für diese Zeit: Die Maske muss und darf sich nur jede/r selbst vom eigenen Gesicht nehmen. Demaskieren muss man sich allein, mit eigener Kraft, mit der eigenen Hand …

Welche Masken man auch immer trägt, ob sichtbar oder jene vielen unsichtbaren des restlichen Jahres, Zeit der Demaskierung ist dann, wenn man spürt: Unter der Maske ersticke ich. Das spürt man oft schmerzhaft und schrecklich zugleich, wie viele Masken Platz haben in oder auf einem Gesicht:

Die Maske der Stärke versteckt das zitternde, traurige und weinende Kind.

Die Maske der Ruhe und des Friedens verhüllt Unruhe und Streitsucht in mir,

die der Helferin meine eigene Hilflosigkeit.

Die Maske der Wahrheit deckt die Lüge zu.

Die Maske der Anpassung verhüllt ungelebtes Leben und wahrscheinlich noch vieles andere mehr.

Und wie viele Masken hast du?«

So erlebte es Paula immer wieder in all den Jahren ihrer Jugend und ihres frühen Erwachsenenlebens, mit all ihrer Begeisterung speziell für diese Zeit.

Mein »jeweiliges« Gesicht – meine Rollen

Haben Sie sich eigentlich schon einmal überlegt, welche verschiedenen Rollen Sie selbst im Leben so spielen (müssen)? Welche Personen Sie verkörpern – welche Masken Sie tragen (müssen)?

Da gibt es zunächst die Rolle als Mann oder Frau mit all den damit verbundenen Erwartungen, Vorstellungen, Verpflichtungen oder Selbstverständlichkeiten. Oder vielleicht die Vater-/Mutter-/Elternrolle, anders jedoch die als Kind oder als Großeltern. Anders die als Bruder, Schwester, als Freund/in, Nachbar/in oder Helfer/in. Eine andere die als Arbeiter/in, Angestellte/r oder wiederum als Chef/in. Ganz anders vielleicht die im Verein oder im Club, im Fitness-Studio, im Sport, als Musiker/in, bei einer ehrenamtlichen Tätigkeit für Hospizarbeit, Kinderschutzbund, Krankenbesuchsdienste oder dergleichen.

Dann gibt es wieder ganz andere Seiten, die mit Freunden, gegenüber Nachbarn, im Urlaub, auf der Skipiste oder im Chor, am Fußballplatz oder im Gemeinderat zum Tragen kommen. Erkennen Sie die Vielfalt? Die Fülle der Aspekte und Facetten? Sie können diese Aufzählung noch erweitern durch Erziehungsperson, Liebhaber, Patient/in, Beratungssuchende/r in Steuer-, Ehe- oder Lebensfragen usw. Ob im Bereich Arbeit, Hobby, Freizeit, ob technisch oder künstlerisch, theoretisch oder praktisch: Auf einem Gebiet bin ich vielleicht Experte, Spezialist und »perfekt«, im anderen bin ich Anfänger, Neuling, unsicher und fehlerhaft. Als Chef/in anders als zu Hause, im Bett anders als in der Autowerkstatt, am Fußballplatz anders als im Gottesdienst oder in der Wahlversammlung: Jede Rolle hat mit anderen Gefühlen, Aspekten Ihrer Persönlichkeit zu tun, verlangt und weckt andere Talente, andere Seiten an und in Ihnen. Oft vielleicht widersprüchliche …

Impuls

Machen Sie beim Lesen jetzt einmal eine Pause. Entspannen Sie sich, atmen ein paar Mal in Ruhe tief durch und schauen sich die beiden eben gelesenen Abschnitte mit ihrer Vielzahl an Facetten und Aspekten des Lebens noch einmal an. Nehmen Sie sich ein Blatt Papier, legen es quer, schreiben in die Mitte das Wort »ICH«, rahmen es ein und gestalten darum herum all Ihre verschiedenen Funktionen, Aufgaben und Rollen. Was Ihrem »Ich« etwas näher ist, schreiben Sie näher zur Mitte, was für Sie selbst weiter weg, aber doch notwendigerweise oder gezwungenermaßen Teil Ihres Lebens ist, schreiben Sie in größerer Entfernung und rahmen dann jede dieser Funktionen und Rollen ein. Zeichnen Sie von jedem dieser Kreise eine Linie zu Ihrem Ich-Kreis in der Mitte, um deutlich zu machen: Das alles steht in Beziehung zu mir!
Wie geht es Ihnen bei diesem Sammeln und Strukturieren innerlich? Wird Ihnen dabei auch Neues klar? Lassen Sie dieses große bunte Gesamtbild ruhig ein wenig in sich weiterwirken.
»Und das alles bin ich?«, fragen Sie sich jetzt vielleicht ungläubig. Ja, das alles sind Sie – und noch viel mehr, je nach Alter, Tätigkeit und Situation. Ganz anders, ganz verschieden – und immer sind es *Sie*, sind Sie *echt*, viel-seitig und hochkomplex!

Wer bin ich?

»Wer bin ich?«, fragte vor Jahrzehnten einer, der es im Dritten Reich wagte, sich gegen das Regime zu stellen, kritisch, zweifelnd, politisch engagiert, der selbst hochintelligent, hochmusikalisch, wissenschaftlich und beruflich erfolgreich war und der doch auch so gerne aß und lachte und leben und lieben wollte: der Widerständler Dietrich Bonhoeffer. Auch er kannte und erkannte die beschriebene Vielfalt in sich. In der Einzelhaft im Berliner Gefängnis entstand der folgende Text, in dem er seine innere Vielfalt, Gegensätzlichkeit und Widersprüchlichkeit so beeindruckend ehrlich ausdrückte:

Wer bin ich? Sie sagen mir oft,
ich trete aus meiner Zelle
gelassen und heiter und fest
wie ein Gutsherr aus seinem Schlosse.

Wer bin ich? Sie sagen mir oft,
ich spräche mit meinen Bewachern
frei und freundlich und klar,
als hätte ich zu gebieten.

Wer bin ich? Sie sagen mir auch,
ich trüge die Tage des Unglücks
gleichmütig, lächelnd und stolz
wie einer, der siegen gewohnt ist.

Bin ich das wirklich, was andere von mir sagen?
Oder bin ich nur das, was ich selbst von mir weiß?
Unruhig, sehnsüchtig, krank, wie ein Vogel im Käfig,
ringend nach Lebensatem, als würgte mir einer die Kehle.
Hungernd nach Farben, nach Blumen, nach Vogelstimmen,
dürstend nach guten Worten, nach menschlicher Nähe,
zitternd vor Zorn über Willkür und kleinlichste Kränkung,
umgetrieben vom Warten auf große Dinge,
ohnmächtig bangend um Freunde in endloser Ferne,
müde und leer zum Beten, zum Denken, zum Schaffen,
matt und bereit, von allem Abschied zu nehmen.

Wer bin ich? Der oder jener?
Bin ich denn heute dieser und morgen ein anderer?
Bin ich beides zugleich? Vor den Menschen ein Heuchler
und vor mir selbst ein verächtlich wehleidiger Schwächling?
Oder gleicht, was in mir noch ist, dem geschlagenen Heer,
das in Unordnung weicht vor schon gewonnenem Sieg?

Wer bin ich? Einsames Fragen treibt mit mir Spott.
Wer ich auch bin, du kennst mich, dein bin ich, oh Gott.«
DIETRICH BONHOEFFER

Wie bin ich denn »in Wirklichkeit«?

Ist Ihnen vielleicht beim Nachdenken, beim Erkennen Ihrer verschiedenen Rollen, sich im Leben zu zeigen und zu geben je nach Situation, und beim Bedenken dieses bewegenden Textes von Dietrich Bonhoeffer einmal völlig neu bewusst geworden, wie sehr wir – je nach Umständen, Situation und Erwartungen – verschiedene Rollen spielen, Masken tragen (müssen)?

Ritual

Ich lade Sie ein zu einer kleinen Übung, dieses Mal über einen längeren Zeitraum, wie ein *Ritual:*
Schauen Sie sich einmal einen Tag lang jede Stunde, oder eine Woche lang jeden Tag, sorgsam zu und beobachten Sie, ohne jegliche Beurteilung oder Bewertung, welche unterschiedlichen Fähigkeiten, Seiten und Rollen zu verschiedenen Zeiten jeweils angesprochen, abgerufen und benötigt werden. Vielleicht schreiben Sie diese auch einmal auf. Wenn Sie nach Ablauf der Zeit Rückschau halten, stellen Sie sich folgende Fragen: Wie gehe ich mit den verschiedenen Erwartungen oder gar Zwängen um? Bewahre ich mir eine gewisse innere Souveränität und Distanz? Und mit den diversen Rollen: Bin ich in meinen Rollen flexibel? Bin ich authentisch, echt? Oder bin ich »echt« und »in Wirklichkeit« eben das *alles* – immer wieder anders – und doch in allem »echt« ich selbst?
Sie als das Kontinuum, das eben all jene Facetten zu einem unverwechselbaren vielschichtigen Ganzen verbindet! Wie ein vielschichtig schillernder und vielseitig geschliffener Kristall.

Rollenflexibilität

Niemand möchte auf eine einzige und bestimmte Rolle *festgelegt* werden – wir wollen frei und flexibel sein und je nach Gegenüber und Situation zwischen den verschiedenen Erwartungen, Rollen, eben »Masken«, die wir gerade tragen, wechseln können. Wir *sind* zwar das alles und sind es doch nicht *völlig*, gehen nicht darin *auf*. Schwer, wenn »man« Sie dann festlegt auf die Rolle als Mutter oder als Liebhaberin und Sie wollen doch auch die starke Frau sein, z.B. im Bekanntenkreis.

Es gibt Kraft, wenn wir uns einerseits klar werden über die bunte Fülle und Vielfalt der Facetten unseres Wesens, unserer Persönlichkeit und wenn wir Bereiche und Räume finden, wo wir die jeweiligen Aspekte leben können. Andererseits wollen wir unsere Freiheit und Flexibilität erhalten und bewahren. Ich selbst kann – obwohl Psychologe und Therapeut – z.B. *nicht immer* nur einfühlsam und verständnisvoll sein. Eine starke Frau möchte, obwohl in leitender Position, sich vielleicht auch einmal fallen lassen und anlehnen können.

All diese Verschiedenheiten *zusammen*, das erst bin ich. Ein weites Thema.

Sie ist eine attraktive, erfahrene, aber schwer leidgeprüfte Frau: Seit Jahren leidet Irmgard, 45 Jahre, Musikerin und Lehrerin, früher lebensfroh, dynamisch und unternehmungsfreudig, zunehmend unter Multipler Sklerose. Jetzt immer wieder Chemotherapien mit all den unangenehmen Begleiterscheinungen, immer neue Klinikaufenthalte, Hoffnungen und Enttäuschungen im Wechsel. Ihr gab ich in der Zeit der Entstehung dieses Buches mein Februar-Kapitel »Wer bin ich?« über die Masken zu lesen. Auf ihre Einschätzung, Prüfung und eventuell auch auf ihre Einwände war ich sehr gespannt. Ganz fröhlich, zustimmend und zufrieden kam nach Wochen ihre Antwort: »Danke für deinen

Text zu ›Masken‹. Deine Gedanken sind gut. Ich denke auch, dass wir lebenslang lernen, ›Ja‹ zu sagen zu uns, zu *allen* Teilen. Mich voll und ganz annehmen, mit allem. Nichts weglassen oder mit Masken verdecken, sondern sagen und denken: Das bin ich *auch*. Mit meinen Schatten, meiner Rechthaberei, meinen Ängsten, Eifersüchten, mit meinem fehlenden Mut …«

Maskenlos leben lernen. So entsteht Selbstbewusstsein, eine andere Stärke und eine neue Zufriedenheit: Quelle und Grund von Seelenfrieden. Und wir sind ja so vieles …

»Ich bin viele«, heißt der Titel eines Buches von Joan Frances Casey und Lynn Wilson[8] und »Du bist viele« ist die Einführung in die sehr tief greifende und heilsame Methode des *voice dialogue*, die genau diese unsere Vielschichtigkeit und Rollenvielfalt ernst nimmt, konstruktiv verbindet, integriert und so fürs Leben fruchtbar macht.[9] Bei der Voice-Dialogue-Methode geht es darum, in achtsamen Gesprächen und sorgsam fachkundig begleiteten inneren Dialogen auch die »anderen Seiten« in uns, die »verlorenen Teile« unseres Wesens uns zurückzubringen, ob man sie nun »Teilpersönlichkeiten«, Stimmen, Selbste oder Energiemuster nennt. Ziel dieser inneren Dialog-, Selbsterfahrungs- und Versöhnungsmethode ist es, all diese Facetten in uns kennen- und anerkennen zu lernen, ohne sie zu bewerten, und sie dadurch dem »Bewussten Ich« zuzuführen, damit eine Umwandlung und neue Freiheit im Umgang mit allen verschiedenen elementaren Kräften, Instinkten und Instanzen entsteht, die zu uns gehören und die wir jetzt vielleicht anfangen können zu integrieren.

Impuls

Machen Sie es doch gleich einmal konkret und schreiben Sie eine Reihe von Eigenschaftswörtern für sich auf – wie Sie eben manchmal sind. Da könnte dann z. B. stehen: Ich bin ein gütiger, großmütiger, warmherziger, wohlwollender Mensch. Was ist mit der

Kehr- oder Schattenseite? Ich bin ein ungeduldiger, verzagter, gieriger, leichtsinniger oder verletzter und verletzbarer Mensch? Wie darf oder muss es denn für Sie heißen? Wie möchten Sie es? Welches Wort passt zu Ihnen? Durchsetzungsfähig, selbstbewusst, vertrauend, segnend, hoffend? Und welches noch? Und welche Qualität werden Sie in einer halben Stunde brauchen, in zwei Stunden? Und am Abend, morgen früh und nächste Woche? Wenn wir uns bewusst selbst anschauen, fangen wir an, zu erahnen, welcher Reichtum, welche Fülle, aber auch welches Chaos und welches Potenzial in uns wohnen! Grund genug, uns darüber klar zu werden und mit allem Bekanntschaft – ja noch besser: Freundschaft – zu schließen, egal ob es die Sonnen- oder die Schattenseiten sind.

Diese Fülle zu (er-)kennen, sie bei mir und anderen an-zuerkennen, sie zu wagen und zu leben, an diese lebens-hilfreiche Thematik vermögen uns die Masken von Fastnacht, Fasching oder Karneval heranzuführen. Viel Spaß auf Ihrer Erkenntnisreise zu sich selbst!

Vielleicht gibt Ihnen ja die Masken-/Faschingszeit, wenn sie wieder kommt, Gelegenheit, einmal bewusster damit zu spielen, sich immer neu bewusst zu machen, was (unbewusst ja ohnehin!) Sie treibt und drängt und prägt … Und vielleicht können Sie anfangen zu wählen. Denn: Ich kann neu entscheiden. Dann bin ich frei!

AFFIRMATIONEN

- Ich bin vielerlei und doch eins.
- So wie ich jeweils bin, nehme ich mich an und ernst und schließe Frieden mit meiner Fülle und Vielschichtigkeit.
- Ich lerne, Ja zu sagen zu allen Seiten von mir und meinem Leben.

- Ich bin immer gleich und auch immer anders. »Alles ist im Fluss« (Heraklit).
- Nur ich selbst bestimme, bei wem und wo, wann und wie ich meine Maske ablege und mich auch ganz anders zeige: *Das bin ich auch.*
- Ich bin ich, auch wenn ich anders bin, als andere es von mir erwarten.
- Echt bin ich immer: Ob ich spiele oder nicht, das bin immer ICH. Wichtig ist, dass ich es kläre und achtsam und bewusst mit mir selbst umgehe.
- Ich kann mich ändern – ich kann wählen.
- Dankbar und staunend erkenne ich meine innere Vielfalt an und strebe nach der Integration meiner verschiedenen Seiten und Aspekte.
- »Ich bin. Aber ich habe mich nicht. Darum werden wir erst« (Ernst Bloch).

MÄRZ

»Mir geschehe«
(Mariä Verkündigung, 25. März)

Grundkraft Vertrauen – annehmen, einwilligen und zulassen

Der bekannteste Tag im März ist der 21. März, der Frühlingsanfang. Manchmal liegt auch Ostern Ende März, denn wir feiern Ostern am Sonntag nach dem 1. Frühlingsvollmond, d.h. der frühestmögliche Ostertermin ist der 23. März. In den meisten Jahren liegt Ostern jedoch im April, deswegen werden wir unser Augenmerk auch erst im Monat April auf Ostern richten.

Oft unbekannt, aber als ein altes Fest voller tiefer, symbolischer, psychologischer und durchaus nicht nur theologischer Aussagekraft ist das Fest vom 25. März: der Gedenktag an die Ankündigung der Geburt Jesu durch einen Boten (»Engel«) an die überraschte Maria, »Mariä Verkündigung«.

Eine ungewöhnliche Geschichte

In den alten Überlieferungen der Bibel, genauer im Lukas-Evangelium Kapitel 2, wird erzählt, wie eine junge Frau, kurz vor der Heirat stehend, Besuch bekommt. Was in den Kirchen und vielen Streitgesprächen oft »Jungfrau« genannt wird, kann im hebräischen Urtext beides heißen: junge Frau ebenso wie Jungfrau. Viel ist im Verlauf der Jahrhunderte darüber diskutiert und gestritten worden, es wurden meterlange Abhandlungen geschrieben und endlose Auseinandersetzungen geführt, was damit gemeint sei. Eine unverheiratete, junge Frau bekommt Besuch von einem »Boten«, uns meist mit dem Wort »Engel« nahegebracht, aber wörtlich mit »Bote« zu übersetzen. Dieser erklärt ihr, dass sie schwanger werde und dass ihre Schwangerschaft eine große Bedeutung für sie und für die ganze Welt bekommen werde. Maria – so wird erzählt – erschrickt, reagiert zunächst gar nicht erfreut, sondern eher erbost, sich sträubend, ja beinahe ungehalten: »Wie soll das zugehen? Ich hatte ja noch nichts mit einem Mann zu tun.« Sie beteuert ihre Unschuld. Der »Bote« aus der anderen Welt hingegen versucht ihr deutlich zu machen, dass das, was da geschieht, nicht von uns, von unserem Wollen und Planen abhängig ist, sondern anders verstanden werden muss: »Der Heilige Geist wird über dich kommen«, soll heißen: »Diese Schwangerschaft entzieht sich deiner und deines künftigen Mannes Kontrolle. Du kannst es jetzt vielleicht nicht verstehen, aber es ist für dein Leben ein großer und wichtiger Schritt.«

Was da in wenigen Worten in der alten Geschichte erzählt wird, war meines Erachtens vielleicht ein viel längeres Gespräch, möglicherweise sogar ein langer Prozess des Innewerdens, der Einsicht und des langsamen Heraufdämmerns einer Erkenntnis: Mein Weg geht zwar anders, als ich dachte, ich habe mich dagegen aufgelehnt, schließlich aber willige ich ein. Am Ende dieses Prozesses steht Marias Ausspruch: »Mir geschehe …«

Sie akzeptiert aus dem Vertrauen heraus: Was hier geschieht, ist gut für mich und es wird sich alles zum Besten fügen. Ich sage »Ja« zu meinem unbegreiflichen, schweren Weg.

In Veranstaltungen, bei Vorträgen und Seminaren gibt es an dieser Stelle oft Widerspruch, entsteht Unwillen, besonders bei Frauen, indem sie deutlich machen: Wir wollen das nicht! Sie machen klar: Wir wollen nicht festgelegt werden auf Empfänglichkeit, auf Passivität und Hingabe, sondern wir wollen aktiv und stark sein, selbst handeln, statt »mir geschehe« zu sagen, statt uns anzupassen und »Ja« zu sagen. Daher regt das manche auf – in ihrer Lebenssituation und mit ihrer jeweiligen Geschichte auch oft zu Recht.

Alles annehmen und empfangen!?

Maria bekommt von einem Boten (»Engel«) im Gespräch erzählt, dass das, was sie da empfängt oder empfangen hat, von Gott kommt, dass das sein Weg und eine Aufgabe für sie und ihr Leben ist. Was heißt das?

Die guten Erfahrungen im Leben zu empfangen als von »Gott« gefügt und geschenkt, vom Leben, von einem guten »Schicksal« oder vom Glück – wie es manche nennen –, das fällt uns zumeist nicht schwer. Aber auch das Schwere, Verwirrende, Bedrohliche? Eine außereheliche Schwangerschaft war in jenen Zeiten – wie in manchen Ländern Afrikas und des Orients übrigens heute noch! – ein sicheres Todesurteil: Darauf stand die Steinigung.

Auch *das* »empfangen« und annehmen, was uns erschreckt, ängstigt, deprimiert und bekümmert – als von einer *guten Hand*, einer *gütigen Macht*, einer *freundlichen Absicht*, einer *liebenden Fügung* gesandt? Albert Einstein soll einmal gesagt haben: »Wir leben in einem freundlichen Universum.«

Diese *Grundkraft des Annehmens*, des *Einwilligens* und *Zulassens* wird in dieser alten Geschichte eines Boten aktiviert, der Maria auch eingehend und sorgsam erklärt, warum und wozu ihr Schicksal, ihr Weg, ihr »Empfangenes«, ihre Schwangerschaft gut ist, was all das bedeutet und wozu es dient. Bis zum Akzeptieren bedarf es oft der Unterstützung durch helfende Gespräche, der Auseinandersetzung, auch des Sträubens und Widerstrebens. Auch von Maria wird erzählt, dass sie nicht einfach »danke« und »Halleluja« gerufen habe, sondern kritisch, skeptisch und zweifelnd fragte: »Was soll das? Wie soll das gehen?« Nicht einfach sang- und klang- und klagloses Hinnehmen ist gefragt. Es braucht oft lange, bis man sich durch Hadern, Abwehr und Aggression hindurch weiterentwickelt.

Impuls

Überlegen Sie einmal selbst: Wie ist das in Ihrem Leben? Wenn Sie Schweres erfahren, das Sie ganz und gar nicht bejahen und annehmen können: Erlauben Sie sich dann auch Ihre Auflehnung, Ihren Zorn, Ihr Nein? Was hilft Ihnen weiter? Gespräche, Bewegung, Übungen (welche?), oder Toben, Schreien, Schreiben? Oder von all dem etwas? Wie finden Sie schließlich Klärung?

Von Auseinandersetzung bis Einwilligung – ein langer Weg

Oft ist es ein langer Weg – eben *inklusive* Wut, Verzweiflung, Ablehnung und Aufbegehren –, bis innere Klarheit, bis ein Einverständnis möglich ist auch mit Schicksalsschlägen, der Unbill des Lebens, umzugehen. Deshalb braucht es Entwicklung, Zeit und die Bereitschaft, Kraft und Stärke aufzuwenden, um den Weg (weiter-) zu gehen.

Auch ich habe einen solchen Weg zurückgelegt: Es war damals auch an einem 25. März, dass mir in zwei Gesprächen klar wurde, welche Funktion und Be-Deutung meine schweren Erkrankungen und Symptome jener Zeit für mich und mein Leben haben. Dass mir das dabei Erlebte und Erlittene auch helfen könnte zum Abschied aus einem Lebensabschnitt, zum Loslassen, sozusagen zum »Ausgewöhnen« und zum Einüben einer völlig neuen Phase mit all ihren Herausforderungen, Bedrohungen, aber auch Visionen und Möglichkeiten, sozusagen zum »Eingewöhnen«. Plötzlich erkannte ich für mich selbst einen *Sinn* in dem monatelang ach so dunklen Weg und einen Nutzen in den schweren Erfahrungen. Ich hatte meinen Gewinn gefunden – und einen beglückenden Seelenfrieden.

Bietet uns dieses Fest vielleicht die Chance zu einer neuen Erfahrung, einer Einsicht und Hinwendung zum Leben, anders als bisher?

Einladung zum Innehalten

In Rainer Maria Rilkes »Briefen an einen jungen Dichter« fand ich eine Stelle, die uns in die eingeschlagene Richtung weist: »Man muss den Dingen die eigene, stille, ungestörte Entwicklung lassen, die tief von innen kommt und durch nichts gedrängt oder beschleunigt werden kann; alles ist Austragen – und dann Gebären.

Reifen wie der Baum, der seine Säfte nicht drängt und getrost in den Stürmen des Frühlings steht, ohne Angst, dass dahinter kein Sommer kommen könnte. Er kommt doch! Aber er kommt nur zu den Geduldigen, die da sind, als ob die Ewigkeit vor ihnen läge, so sorglos, still und weit.

Man muss Geduld haben gegen das Ungelöste im Herzen und versuchen, die Fragen selbst lieb zu haben, wie verschlossene Stuben und wie Bücher, die in einer sehr fremden Sprache geschrieben sind.

Es handelt sich darum, alles zu leben. Wenn man die Frage lebt, lebt man vielleicht allmählich, ohne es zu merken, eines fernen Tages in die Antwort hinein.«[10]

Impuls

Lesen Sie den Text von Rilke einmal laut vor, sich selbst oder einem Menschen Ihres Vertrauens, und achten Sie dabei sensibel darauf, wo Sie zögern, anstoßen oder wo Sie weit werden und zustimmen können. Vielleicht mögen Sie ihn auch abschreiben, an Ihren Kühlschrank oder eine Pinnwand hängen oder jemandem schenken?

Es ist ein Plädoyer für das Innehalten, das »Austragen – und dann Gebären«, eine Ermutigung, »alles zu leben«, auch das Schwere und die Fragen. Aus der »Grundkraft Vertrauen« heraus alles anzunehmen und zu akzeptieren.

Die überzogene Leistungsseite

Ganz anders leben wir heutzutage in unserer Erfolgs- und Leistungsgesellschaft! Es ist augenscheinlich und unbestreitbar, dass wir – besonders in der westlichen Welt – viel zu sehr festgelegt sind auf den Aktivpol des Lebens, auf das Schaffen, Leisten, Produzieren – ohne STOP und Halt. Wissenschaftlich-technische Erfolge, Verbesserungen und Neuerungen sind zwar die Früchte dieser Anstrengungen. Aber Ausbeutung der Natur und vieler Länder, Zivilisationskrankheiten und die Zunahme von Depressionen, Herz-Kreislauf-Problemen und Burn-out sind allerdings *auch* der Preis.

Haben wir vielleicht die Balance verloren, die Ausgeglichenheit? Vergessen, dass die wesentlichen Dinge des Lebens eigentlich *empfangen* werden *ohne Tun:* Empfängnis, wenn nicht künstlich gesteuert, Schlaf, Orgasmus, Liebe und der Tod sind nicht »machbar«, nicht steuerbar, haben wir nicht im Griff. Ärzte,

Psychologen, spirituelle Weisheitslehrer ebenso wie Kreativitätstrainer und Künstler lehren uns, dass und wie wichtig Phasen des Lassens, Ruhens, der Meditation sind.

Wir haben weithin die Balance verloren, unser seelisches Gleichgewicht – und brauchen es doch so dringend. Da reichen kurze Verschnaufpausen, ein »Powernapping« oder drei Wochen Reha oft nicht aus.

Die Balance wiederfinden

Die biblische Geschichte um Maria und jenes alte Fest »Mariä Verkündigung« können uns dahin führen, das Lassen wieder zu üben. Ihr »Mir geschehe« als Gegensatz zum gängigen Antreiber-Leistungs-Schaffens-Programm und als Ausstieg aus dem Hamsterrad. Nicht bloß »Schaffe, schaffe, Häusle baue, und dann verrecke«, wie es umgangssprachlich im schwäbischen Dialekt heißt. Kardiologen erzählen z. B., dass sie diese Erkenntnis oft bei Herzinfarkt-Patienten mitbekommen: Den Patienten wird durch den Infarkt klar vor Augen geführt, dass sie ihr Leben buchstäblich verlieren, wenn sie so weiterhasten, als Manager und Erfolgsmenschen, als Führungskraft und Ansporn für alle.

Es ist schwer, die innere Balance wiederzugewinnen. Was könnte helfen?

Impuls

Um dieser Balance wieder näherzukommen, möchte ich Sie zu zwei kleinen Übungen einladen. Machen Sie mit?

1. Stellen Sie sich eine altertümliche Waage vor, so eine Balkenwaage von früher – vielleicht zeichnen Sie sie ja sogar auf? An beiden Enden hängt eine Schale, in der Mitte des Balkens ist eine Halterung. Wenn die eine Schale ›beladen‹ und schwer wird, wird die andere hochgehoben. Haben Sie dieses Bild vor Augen? Nun fragen Sie sich selbst: Was wiegt schwer in Ihrem Dasein? Sorgen,

Gesundheits- oder Finanzprobleme, Beziehungsstress, Schuldgefühle, Ängste um Arbeit, Familie, Zukunft usw.? So etwas drückt uns nieder. Legen Sie all das in die *eine* Schale.
Was hilft, ein Gegengewicht aufzubauen? Freunde, Freuden, Gelassenheit, Bewegung, Ernährungsumstellung, Zuversicht, Meditation, stabile Beziehungen? Was hilft Ihnen, was richtet Sie auf und lässt Sie wieder ins Lot kommen, wenn eine Situation Sie aus den Fugen und aus der Balance geraten lässt? Was wiegt die schwere Seite auf? Das kommt in die *andere* Schale.
Am besten malen Sie es auf, ergänzen die Schalengewichte hin und wieder, und tauschen sich mit Menschen aus, denen Sie vertrauen.[11]

2. Verleiblichen Sie die erste Übung, indem Sie sich im Freien aufstellen, auf Ihrem Balkon oder in einem Zimmer. Breiten Sie die Arme aus, die Handflächen nach oben, und denken Sie in Ihrer Vorstellung alles Schwere, Bedrängende und Bedrohliche als Gewicht in die eine Handschale hinein. Alles Erfreuliche, Gute, Schöne, Stärkend-Aufbauende kommt dann in die andere. So halten Sie entweder Balance oder gehen mit der freude-vollen Hand am besten sogar etwas tiefer, sodass diese ein Übergewicht signalisiert. Das ist ein guter Abschluss der Übung: Dem Guten das Übergewicht gewähren. Wie fühlen Sie sich dabei? Sprechen Sie es sich nun zum Abschluss laut selbst zu: »Ich bin mit meinem Leben, mit Körper, Seele, Geist und Gemüt, im Gleichgewicht, im Einklang und in Harmonie mit mir und dem Universum.«
Machen Sie diese Übung eine Zeit lang regelmäßig als heilsames *Ritual*.

Diese neue Balance finden wir noch an einem weiteren besonderen Tag im März: dem Frühlingsanfang. Der heutige Termin des Frühlingsanfangs liegt am 21. März, also knapp neben dem eben besprochenen Fest vom 25. März. In alten Zeiten wurde das Fest von Marias großer Erscheinung und ihrem Aufbruch, ihrem Empfangen des Neuen, Unbekannten im Einklang mit der Intention des Frühlingsanfangs gesehen. Der 21. März (ebenso wie der 23. September) ist im Grunde ein *Schwebetag* – ein *Tag des Ausgleichs*, der Balance zwischen der vorausgegangenen dunklen, kalten, schweren Zeit und der kommenden lichten, warmen, leichten Zeit. Der Tag, die Zeit »dazwischen«, ist der Frühlingsanfang. An diesem Tag sind Tag und Nacht genau gleich lang, Dunkel und Licht halten sich die Waage, sind in Balance. Dieser Tag erinnert uns an die Verbindung der Gegensätze im Äußeren und auch in unserem Inneren, der seelisch-geistigen Seite unseres Lebens. Wir werden dieser Kraft der Ver-Bindung und Verbundenheit der Gegensätze im Dezember noch einmal intensiver begegnen, dann bis hin zum Gedanken von deren Integration zu unserer wachsenden Ganzwerdung.

Lass mich Schale werden

Am 21. März, der »Tagundnachtgleiche«, halten sich Hell und Dunkel die Waage, ein Tag des Ausgleichs, bevor das Helle wieder an »Kraft« gewinnt und die Tage länger werden. Der 25. März als jener Tag, an dem Maria exemplarisch für uns zu einem symbolischen Ja gelangt, die Kraft entwickelt, einzuwilligen in das Verwirrende, Beunruhigende und Unangenehme und damit auch ihrem Leben wieder das Gleichgewicht schenkt. Sinnbild für diese innere Haltung des Annehmens, Akzeptierens, Empfangens und Einwilligens ist das Symbol der Schale.

Impuls

Zur Vertiefung empfehle ich Ihnen die folgende Meditation[12]: Schaffen Sie sich eine ruhige Atmosphäre und legen Sie sich dann bequem hin, vielleicht mit einem Kissen unter dem Kopf und unter den Kniekehlen, auf dem Rücken oder wie Sie sich sonst eben gesammelt und wohlfühlen können. Atmen Sie ein paar Mal ruhig ein und aus, sprechen Sie mit sich dann in der folgenden Weise:

Ich möchte wie eine Schale werden – im Sinne von: Wie soll ich dich empfangen? – und dich empfangen, du großes geheimnisvolles Du, für das wir so viele Namen haben.
Ich bin Schale mit meinen nach oben geöffneten Händen. Wenn ich daliege, auch mit meinem Becken, es bildet eine Schale. Und mein Hinterkopf, wenn er daliegt, ist auch Schale. Auch mein Ohr, die Ohrmuschel, ist wie eine Muschel, ein Trichter, ein sammelndes Gefäß.
Gefäß – auch ich. Schale – auch ich. Wartend auf … empfänglich … empfangend … Ich möchte gefüllt werden, möchte empfangen, möchte beschenkt werden mit Freude und Frieden, Stärkung und Heilung, Licht und Klarheit, Tröstung und Wahrheit, Lang-Mut und Weite, Güte und Vertrauen … Und was ich alles ersehne, brauche, vermisse: All das lege ich als Wunsch jetzt vor dich, vor das große Geheimnis, vor »Gott, den Liebhaber des Lebens«, wie er auch genannt wird (Buch der Weisheit 11,26).

AFFIRMATIONEN

- Ich nehme jetzt mein Leben an mit allem, was ist.
- »Wie soll ich dich empfangen? Du Licht, Leben, Freud und Wonne!«
- Was auch immer ich empfange im Leben: Ich will es annehmen und einwilligen in »Widerstand und Ergebung«.
- Ich wünsche mir, einen Sinn für mich zu finden, auch in rätselhaften, bedrückenden und unangenehmen Erfahrungen.
- In Vertrauen und Hingabe überlasse ich mich dem Leben.
- Ich will in allen Dingen das Hilfreiche, Förderliche und Stärkende suchen und finden.[13]
- Empfangend wie eine Schale, offen wie eine Blüte, gebe ich mich dem Licht und dem Leben hin.

APRIL

Wandlung von Krisen – Durchbruch des Lebens – Stirb und Werde (Ostern)

Grundkraft Neuanfang – Prinzip Hoffnung und Lebenskraft

Wir feiern Ostern immer einige Tage oder Wochen nach dem Frühlingsanfang, manchmal noch im März, meist jedoch im April. Um die Grund- und Wirkkräfte des Osterfestes zu ergründen, konzentrieren wir uns deshalb erst jetzt im Monat April auf dieses *besondere* Fest. *Besonders* durch seine Terminierung, die sich an den Mondphasen orientiert: Frühlingsanfang – der nächste Vollmond – der darauffolgende Sonntag ist dann Ostern – gesteuert vom Mondkalender!

Wandel – Wechsel – Neuanfang

Der Mond selbst ist im Prinzip ein *Symbol des ständigen Wandels und Wechsels und Neuanfangs:* Immer neu »stirbt er« (Neumond) und wird dann »nach drei Tagen« (man bedenke die Symbolik im Vergleich zu den drei Tagen zwischen Karfreitag und Ostern in der christlichen Tradition) »auferstehend« wieder sichtbar. Danach kommen zwei Wochen des Werdens, des Wachsens, des Sich-Entfaltens der zunächst kleinen Mondsichel, immer größer werdend, bis schließlich der Mond in seiner vollen Größe erstrahlt. Dann ist er sozusagen wieder heil und ganz geworden. Er durchläuft den Wandel von Sterben und Neuwerden. Nach seinem Höhepunkt, wenn er *Vollmond* ist, nimmt er wieder ab, bis es wieder ans Sterben geht … und das Ganze beginnt von Neuem: Alle 28 Tage wiederholt sich dieser Zyklus (und angeglichen daran der weibliche Zyklus). Der Ostertermin richtet sich gemäß den alten Traditionen (im Hintergrund steht ja ein Befreiungsfest des Volkes Israel, das Passahfest) nach dem Mondkalender: Ostern wird am Sonntag nach dem ersten Frühlings-Vollmond gefeiert.

Die Symbolik des Mondes passt aber auch im Hinblick auf die christliche Tradition des Osterfestes, denn genauso ist es auch in dem, was die Überlieferung der Jesusgeschichte erzählt und bewahrt: Ostern ist das Fest des Neuanfangs. Nach jener Kapitulation, nach jener Katastrophe, nach jenem Sterben, dem Sterben Jesu am Kreuz, nach alldem wird nach der Grablegung, der großen Enttäuschung, Niedergeschlagenheit und tiefen Trauer und Verzweiflung von etwas ganz Neuem berichtet: Dass es nicht *aus* ist, dass die Wirklichkeit dieses Jesus Christus nicht tot, sondern lebendig ist, Menschen immer wieder neu begegnet, sie überrascht, sie überwältigt und zu einem neuen Leben, zu neuer Hoffnung und zu neuem Lebensmut führt.

In diesem Sinne passt das Osterfest auch ins *Naturjahr* hinein: Wo nach dem Abgestorbensein, der Ruhe und Zurückgezogenheit der Natur im Winter, in der Kälte, unter einer Decke von Schnee, sich in den Frühlingswochen alles regt, das Leben drängt und treibt. Knospen brechen auf, Triebe sprossen: Das Leben siegt!

In unserem Leben, im Seelenleben ist das im übertragenen Sinn ja auch so: Wie oft stirbt etwas in uns oder in unserem Leben? Beziehungen, Hoffnungen, Pläne, Perspektiven – wie oft sterben wir »kleine Tode«? Wir brauchen immer wieder neu die Kraft des Neuanfangs. Auferstehung auch im Sinne von »den Aufstand wagen«, das Aufstehen wagen – immer wieder neu anfangen. So kann Ostern konkret werden – mitten im Leben.

Impuls

Haben Sie wieder Lust zu einer kleinen Übung? Nehmen Sie sich ein Blatt Papier und unterteilen Sie es durch einen Strich in der Mitte in zwei Hälften. Über die linke Hälfte schreiben Sie: »Meine kleinen Tode«, über die rechte »Meine kleinen Auferstehungen«. Nehmen Sie sich Zeit und Ruhe, Mut und die rechte Umgebung, um sich an solche tief greifenden Erfahrungen zu erinnern, sie in Augenschein zu nehmen, für sich selbst zu benennen und zu würdigen und auch aufzuzeichnen oder aufzuschreiben. Und genau um solche Erfahrungen – auch in unserem eigenen Leben – geht es an Karfreitag und an Ostern.

Gegensätze, Spannungen und Widersprüche: Die Buntheit unseres Innenlebens

Vor Jahren lernte ich im Himalaja einen weisen Meditationslehrer kennen und schätzen. Ich lebte eine Zeit lang in seinem Meditationszentrum. In einem Gespräch klagte ich ihm, was mir so große Probleme machte: Ständig leide ich unter inneren Spannungen, Gegensätzen und Widersprüchen. Was ich denn damit meine, fragte er. »Na ja, ich bin oft so hin- und hergerissen zwischen positiven und negativen Gefühlen, fühle mich wie in der Achterbahn oder wie in einem Karussell.«

Er fragte weiter, wieso ich denn denke, die einen Gefühle seien positiv und andere negativ. Vor allem aber, woher ich denn das habe, dass mich das quält und zerrissen macht, wenn ich verschiedene gegensätzliche Gefühle im Wechsel empfinde. Ich erwähnte meine Eltern, Erziehung, die Schule, die Religion und all deren

Einflüsse. Daraufhin fragte er noch einmal: »Wer sagt denn, dass das schlimm, furchtbar und nicht auszuhalten ist? Wer hat dich gelehrt, dass das beklagens- und bekämpfenswert sei? Wieso denkst du, dass du darunter *leiden* sollst?«

All das sei doch *einfach Teil des Lebens*. Gegensätze, die einander brauchen wie hell und dunkel, heiß und kalt. Es ist Spannung, die Lebendigkeit schafft und Leben erhält! Die notwendig, natürlich und normal ist. Fröhlich – traurig, zornig – friedlich, weinend – lachend: Verschieden, ja, aber gegensätzlich? Widersprüchlich? Nein, für ihn nicht. Nur Ausdruck der Buntheit des Lebens, das nicht anders zu haben ist. »Wieso darunter leiden? Wieso es bekämpfen? Wieso?«, fragte er mich eindringlich. Es seien doch einfach verschiedene, natürliche Bewegungen und Regungen des Lebens und unserer Seele.

Seither lerne und übe ich, den Strom der mannigfaltigen Gefühle, all ihre Wellen und Wogen im Inneren, als lebendigen Fluss zu erkennen und an-zuerkennen. Und die verschiedenen gegensätzlichen Innenzustände wie Tod und Auferstehung, wie Karfreitag und Ostern mitten im Leben, als notwendige gegenseitige Ergänzungen anzunehmen und mich mit meiner seelischen Vielfalt zu befreunden und zu versöhnen.

Impuls

Wie ist das bei Ihnen? Kämpfen Sie noch oder versöhnen Sie sich schon? Hilft Ihnen diese Sicht, um besser mit Ihrer inneren Vielfalt, Buntheit, aber auch der inneren Unruhe und dem Chaos zurechtzukommen? Könnten Naturbeobachtungen Ihnen helfen? Oder innere Dialoge und Verhandlungen zwischen den verschiedenen Inneninstanzen, wie wir sie im Monat Februar bereits angeregt und versucht haben? Oder hilft es Ihnen mehr, all dies auszudrücken, auf Papier, skizzenhaft, in Worten oder in Farben, oder gegenständlich? Alles mit dem Ziel, sich mit dieser inneren Vielfalt zu befreunden und zu versöhnen. Sodass – symbolisch ausgedrückt – Karfreitag und Ostern in Ihnen zusammenkommen.

Was feiern wir an Ostern?

Wir feiern die Lebenskraft, die Hoffnungskraft, die »Nicht-klein-beigebe-Kraft«, die »Nicht-resignations- und nicht-aufgebe-Kraft«. Und das Ganze – wie auch beim Weihnachtsfest – eingebettet in die *ganze Realität*, nicht etwa mit einer rosa Brille und von Opiumwölkchen umflortem Blick, sondern ganz erdnah und bodenständig, so wie das Leben eben wirklich ist. Eingebettet in die Tatsächlichkeit von Leiden, Schmerz, Verzweiflung, Sterben und Tod – einschließlich Begräbnis: Da hatten Freunde und begeisterte Gläubige (»Jünger«) ihren Hoffnungsträger (»Jesus«) verloren. Er wurde schändlich hingerichtet, alle Träume waren zu Ende – *aus* der Traum. An Karsamstag kommt dazu auch noch, symbolisch betrachtet, der Blick auf unsere gestorbenen Hoffnungen, Träume und Überzeugungen – in Jesus exemplarisch gestorben und begraben. Der Blick auf Ent-Täuschung, im Beruf oder im privaten Bereich, in Beziehungen und Lebenskonzeptionen, Zerbrochenes, Erstorbenes, all die »Höllen« auch in unserer Welt und in unseren Seelen und Beziehungen, auch in uns. Ganz im Sinne von Jesus als »exemplarischer Mensch«, der hinabgestiegen ist »in das Reich des Todes«, »niedergefahren zur Hölle«, wie es in der früheren Formulierung des christlichen Glaubensbekenntnisses heißt. Solch ein Ende, solch ein Scheitern, das ist nicht zu leugnen, nicht zu verbergen oder wegzuretuschieren, das gehört eben zu uns – wie auch Licht und Schatten bei Weihnachten zusammengehören – wir werden das im Dezember noch zu bedenken haben.

Aber – und dennoch – ein Neuanfang. Das ist die Frühlingsbotschaft draußen in der Natur und die Osterbotschaft drinnen, spirituell religiös – und ganz drinnen, seelisch und elementar.

Als meine Frau und ich einmal zur Osterzeit in Griechenland waren, erstaunte es uns, dass die Menschen sich bereits *vor* Ostern freudig grüßten – einander und uns als Touristen ebenso – mit dem Wunsch: »Kali anastasi« – »frohes Aufstehen«, frohe Auferstehung – jetzt, hier und heute. Welch ein Gruß! Im Judentum wurde – so haben wir es vorhin bereits angedeutet – genau zu dieser Zeit ja auch Passah, ein »Aufstandsfest« gefeiert: Ein politischer Befreiungstag, der Gedenktag an die Befreiung aus Sklaverei und Knechtschaft vor vielen Jahrhunderten im Alten Ägypten. Jahr um Jahr wurde im alten Zeremoniell nachvollzogen, was damals in Ägypten in jener Befreiungsnacht geschehen sein soll, als die Familien noch miteinander gefeiert, nach einem besonderen Ritual gegessen und getrunken haben und was dann geschehen ist, als sie aufgebrochen sind, den Aufstand wagten aus der Unterdrückung, das Aufrichten vollzogen aus dem krummen, gebückten Gang – einer ganz ungewohnten, erst nach und nach zu erringenden eigenen Freiheit entgegen.

Immer wieder neu anfangen

Wieder einmal war ich in einem Frühlingsurlaub tagelang mit der Frage beschäftigt: Die alten Feste – was geben sie uns denn *wirklich*, konkret, bodennah und alltagstauglich? Ich hatte an einem Abend im Urlaub einen bewegenden Film gesehen. Es ging darin um die Geschichte eines Mannes, der nach 35 Jahren der Frau, die er damals schwanger sang- und klanglos und Hals über Kopf verlassen hatte, nun, nach einem schweren Unfall – sehr verändert und innerlich gewandelt – wieder begegnen wollte. Die drängende Frage: Wird es einen Neuanfang geben, wird da eine neue Begegnung möglich sein? Mit und nach all den vielen Wunden und Verletzungen? Neues Leben – neue Chancen, neue Möglichkeiten: Geht das, kann das gelingen? Eine Situation, die ja in mancherlei Facetten und Varianten viele von uns kennen.

Mich beschäftigte das Thema weiter, denn danach entstand in mir dieses Gedicht:

Immer wieder neu anfangen

Nie aufhören anzufangen
den Anfängergeist leben und pflegen
im Kleinen wie im Großen
im Inneren wie im Außen

Immer wieder neu
anfangen
mit dem Hoffen
mit dem Glauben und Vertrauen
mit dem Lieben

Mit dem Schweigen und dem Reden
mit dem Lachen und dem Fragen
mit dem Weinen und dem Klagen
mit dem Frohsein und dem Wagen

Immer wieder
neu anfangen
und nie aufhören anzufangen
das ist Ostern!
Dann ist Ostern
immer wieder neu
heute hier und jetzt
HANS GERHARD BEHRINGER

Impuls

Lesen Sie sich dieses Gedicht ein- oder zweimal durch, am besten sogar laut vor, und sinnen ein wenig darüber nach. Es passt zu so vielen Situationen im familiären und beruflichen Leben, in Beziehungen, Freundschaften, Konflikten und Lebensproblemen, guten und schweren Zeiten, Krisen und Neuaufbrüchen …
Wie kann ich ihn üben, diesen »Anfängergeist«? Wo brauche ich sie am meisten: die Kraft des Hoffens, Vertrauens, des Liebens? Wie zeigt sich das in meinem Empfinden und Verhalten konkret?

In jener Nacht, an deren Anfang der obige Text entstanden ist, hatte ich dann folgenden Traum: Eine eineinhalb Jahre vorher leider verstorbene, langjährige, gute und vertraute Freundin steht vor mir und sagt bei der Begrüßung im Umarmen zu mir den Satz: »Hans Gerhard, es geht ganz und gar nicht um das Körperliche, es geht ja *nur* um die Liebe.« Und dieses »Nur« betonte sie durch ein langes U. Sie sprach diesen Satz so eindringlich mit warmer und ruhiger Stimme. »Es geht ja *nur* um die Liebe.« Überwindung des Todes durch die Liebe. Im bleibenden Verbunden-Sein. Nicht materiell-körperlich-fühlbar. Dieser Traum war wie eine Interpretation der Oster- und Auferstehungsgeschichte für mich, für uns heute. Es geht nicht ums Materielle, sondern um die Liebe, die Beziehung, das Leben … Dieser Traum wiederum erinnerte mich an einen anderen Traum vor vielen Jahren, als ich auch nur einen einzigen Satz geträumt hatte, der mir wie eine Vorlesung oder Lebenspredigt war: »Die Auferstehung ist ein geistiges Ereignis.« Aha, staunte ich, als ich ihn mir bewusst machte und aufschrieb. Seit Jahren nehme ich Träume ernst, als Botschaften der Seele, als Weisheit aus dem Unbewussten, auch als eine mögliche, aber oft »vergessene Sprache Gottes«, wie Helmut Hark sie oft nennt. Also staunte ich: Auferstehung, ein geistiges Ereignis – nicht etwa einfach historisch zu fassen, aber auch nicht fraglich oder entwertbar durch den »garstigen Graben der Geschichte« (Lessing) von zweitausend Jahren, sondern als etwas Innerliches, ein innerer Prozess.

So erschlossen sich mir vier Facetten von Ostern als Einführung ins Leben, als Hinführung zu dieser Grundkraft Hoffnung, dieser Grundkraft Neuanfang, die wir immer neu so nötig haben:

- Es geht um einen neuen Umgang mit Lebenswunden, Schicksalsschlägen und Verbitterungen,
- um den »Anfängergeist«, den Mut, immer wieder neu anzufangen,
- um die Liebe, um die allein es geht, und
- um das geistige, innere Ereignis.

Die einzige Frage, die nun bleibt, ist: Wie kann das Wirklichkeit werden in unserem Leben – noch konkreter? Wie kann ich es mit Leben füllen, diesen Mut zum Leben, die Freude am Leben, die Begeisterung, die uns hier im April begegnende Grundkraft? Haben Sie dazu Ideen?

Und jetzt konkret: Mein Osterritual

Impuls

»Anfangen!« Viele kleine, neue, ungewohnte Schritte wagen! Legen Sie sich auf ein Stück Wiese im Freien und untersuchen Sie vielleicht eine Stunde lang jeden Zentimeter des Quadratmeters Wiese und Boden und Erdreich, den Sie da direkt vor sich haben.

Setzen Sie ein Inserat in die Zeitung mit dem Text: »Leben, ich liebe dich!«

Rufen Sie Freunde an, Bekannte und andere Menschen, mit denen Sie in Kontakt sind, und feiern Sie heute Abend einen Märchenabend, bei dem Sie Geschichten und Märchen vorlesen, die Ihnen lieb sind.

Schreiben Sie einen Brief an die Regierung von Brasilien oder Borneo, sie sollten bitte ernsthaft nach Alternativen zur Abholzung der Urwälder suchen.

Gehen Sie in die ökologische Lebensmittelabteilung des nächsten großen Kaufhauses, verlangen Sie die Abteilungsleitung und drücken Sie Ihren Dank und Ihre Anerkennung dafür aus, dass hier ökologisch angebaute, umweltgiftarme Nahrungsmittel angeboten werden, die im Einklang mit der Natur herangewachsen und entstanden sind.

Kaufen Sie einen Schlafsack und schenken Sie ihn einem Obdachlosen auf einer Bank im Park.

Werden Sie selbst kreativ, versuchen Sie, ganz persönliche Ideen zu entwickeln und Wege zu finden, wie Sie in Ihrer Unverwechselbarkeit und mit Ihren eigenen, besonderen Ideen die »Feier des Lebens« leben und ausdrücken können.

Das Unfassbare als Wandlungsfaktor oft aussichtsloser Situationen

Zur Grundkraft, die uns dieses Fest und dieser Monat nahebringen, gehört das Empfänglich-Werden für das »Nicht-Machbare«, das »Nicht-Kalkulierbare«, eben das »Wunder« als wesentliches Element des Lebens selbst! Wenn uns das gelingt, dürfen wir Karfreitag und Ostern, Tod und Auferstehung verstehen lernen als Erfahrungen *mitten* in unserem Leben, als Teil unseres Lebens, unseres Beziehungs- und Berufsalltags, unserer banalsten und aufregendsten Stunden. Denn für die großen und kleinen Katastrophen darin brauchen wir doch immer wieder solche Mutmach-Geschichten, wie sie uns die Osterbotschaft anbietet, wenn sie uns Mut macht, immer wieder neu anzufangen.

Ich möchte Ihnen noch von einem Ostermorgen erzählen, den ich nach vielen Wochen und Monaten schwerer Krankheit und Erschöpfung in meinem Leben, einer langen Zeit auch der Verzagtheit und Hoffnungslosigkeit erlebt habe. An diesem Ostermorgen hatte ich wieder einen besonderen Traum: Ich träumte von Menschen, die tanzen und singen und voller Freude sind – und weinte im Traum vor Sehnsucht danach, und nach Musik und Klavierspiel und ausgelassener Fröhlichkeit. Und im Traum selbst entstand der folgende Text, ein Gedicht, unter der klaren Überschrift: »Dann ist Ostern, wenn …«

Dann ist Ostern, wenn …

Dann ist Ostern, wenn die Menschen vor Freude tanzen.
Dann ist Ostern, wenn wir wieder neuen Boden unter den Füßen spüren, der verlässlich ist und trägt.
Dann ist Ostern, wenn wir neue Wege wagen und gewisse Schritte tun.
Dann ist Ostern, wenn die unerschöpfliche Quelle der Kreativität wieder sprudelt, wenn der Strom der Ideen wieder strömt und fließt.

Dann ist Ostern, wenn Paare wieder gemeinsamen Boden spüren, wenn Worten und Gedanken Taten folgen.
Dann ist Ostern, wenn ich mich nach schwerer Zeit wieder ans Klavier setze und spiele und spiele und spiele und »es spielt«. Wenn ich nach langem Dunkel wieder Licht sehe am Ende des Tunnels und es mich weckt und ruft und freut.
Dann ist Ostern, wenn ich wieder ganz neu aufatmen, aufleben, aufblühen und leben kann.
Dann ist Ostern, wenn ich einen inneren Weg vor mir sehe und inneren Boden unter den Füßen spüre und fühle: Ich kann gehen – Schritt für Schritt.
Dann ist Ostern, wenn unser Sein ein immer neues Werden ist, ein Entstehen und Geschehen und Entfalten.
Dann ist Ostern, wenn sich die Abgründe auftun und ihnen in neuer Kraft neues Leben entsteigt, wenn ich Altes, Vertrautes loslassen und verlassen und mich auf Neues, Ungewohntes, Offenes einlassen kann.

Vielleicht eignen sich ja manche dieser Formulierungen für Sie als Affirmationen, als Vertiefung dieser Lebensgedanken in Ihnen selbst.

Impuls

Noch eine Frage zum Nachsinnen: Wann ist für *Sie* Ostern? Ergänzen Sie einmal für sich selbst den Satzanfang: »Dann ist Ostern, wenn …«

AFFIRMATIONEN

- Ich wage jetzt, immer wieder neu aufzustehen und neu anzufangen.
- Ich fühle neuen Boden unter den Füßen, die Quelle neuer Kraft in mir.
- Ich lebe, ich atme, die Lebenskraft Gottes ist in mir.

- Ich sehe Licht am Ende des Tunnels und es ruft mich, weckt mich und freut mich.
- Ich kann jetzt wieder ganz neu aufatmen, aufblühen und aufleben, mich entwickeln und entfalten.
- Mein Leben ist Wandlung: ein stetes Stirb und Werde – immerzu – und es ist gut so!
- Ich willige ein in Entwicklung und Weg. Wie Raupe – Puppe – Schmetterling auch mein Sein: Sterben – Wandeln – Neuentfalten: Ostern immer wieder neu!
- Wie aus einer Raupe ein Schmetterling wird, so kann ich Altes, Gewohntes und Vertrautes loslassen und mich auf Neues, Ungewohntes und Offenes einlassen.
- Ich vertraue dem Leben und der Liebe und der Kraft der Wunder.

MAI

Neuer Mut, neues Feuer, neuer Schwung (Pfingsten)

Grundkraft Inspiration, Kreativität und Überzeugungskraft

Beschwingte Maienluft

Welche Stimmung ergreift doch plötzlich die Natur, die Menschen, sogar die Arbeitswelt im Mai: Es entsteht eine spürbare, merkliche Unruhe, als sei die Welt, als seien die Menschen – wie die Natur – aus einem Schlaf erwacht. Erstarrung und Zurückgezogenheit lösen sich, alle werden lebendig, alles kommt in Bewegung, in Wallung, regt sich und lebt auf … Ist Ihnen das auch schon aufgefallen? Achten Sie einmal darauf.

Maienfeste werden gefeiert, Maiandachten, Frühlingsriten, die Lebenslust pocht und drängt (symbolisch ausgedrückt schon im Übergang vom April in den Mai, in der Walpurgisnacht und ihren Riten und Gebräuchen). In diese Zeit fällt ein – ebenfalls mit dem Osterfest und dem Mondzyklus bewegliches – bewegtes und bewegendes Fest: Pfingsten. Das Wort ist abgeleitet von *Pentekoste* = der Fünfzigste (griechisch), der fünfzigste Tag nach Ostern war im Judentum damals ein frühes Erntefest, im Christentum ist es das Fest des »Heiligen Geistes«.

Was bedeutet das: »Geist«?

In den Traditionen und Sprachen der alten Völker, der Römer, der Griechen, der Hebräer in Israel bedeutet das Wort, das wir mit »Geist« übersetzten, ursprünglich Atem – Hauch – Wind – Lebendigkeit; und genau darum, um dieses Prinzip und seine Wirkungen, geht es jetzt im Mai. Das Pfingstfest fällt zumeist in den Mai und hat ursprünglich mit dem sogenannten »Heiligen Geist« zu tun. Sprachlich ist mit »Heiliger Geist« die Ur-Lebenskraft gemeint, ohne die wir nicht ohne Schaden (über-)leben könnten: der Lebensodem, unser Atem. Aus der Zeit ungefähr 30 Jahre nach der Zeitenwende wird erzählt, dass Freunde des Revolutionärs, Heilers, Predigers und »Superstars« Jesus sich verkrochen hatten, weil ihr Meister, Guru, Herr und Idol hingerichtet worden war. Sie hatten alle Angst, nun *auch* dranzukommen. Dann geschahen seltsame Dinge: Einige begegneten ihm – kraftvoll, wirksam, lebendig. Sie erfuhren Stärkung, Hoffnung, neuen Mut. Diese Geschichten und ihre Wirkungen haben uns im April im Zusammenhang mit Ostern und der »Grundkraft Hoffnung, Lebenskraft und Neuanfang« beschäftigt. Das alles gipfelte 50 Tage nach Ostern in einem Auftritt der Gefolgsleute, Anhänger und Freunde dieses Jesus bei einem großen jüdischen Früherntefest. Unerschrocken, todesmutig, glühend und voll innerer Überzeugung brannten sie für eine neue Botschaft: Dass mit Jesus eine neue Gesellschaft von Gleichheit, Freiheit und Geschwisterlichkeit, Anerkennung und Wertschätzung eines jeden vor Gott und Menschen, unabhängig von Leistung oder Fehlern, entstanden ist, dass es nicht vorbei ist, sondern weitergeht, ja gar erst richtig losgeht. Es gab ganz konkrete und aktuelle Erfahrungen von Mut, von Gelassenheit, von Unerschrockenheit, d.h. diese Erfahrungen, dieser Glaube bekam konkrete, sichtbare Auswirkungen und Früchte.

So entstand eine kleine Gruppe, eine Lebensatmosphäre – und das ist es, glaube ich, was an Pfingsten angefangen hat und was es ausmacht, dieses Fest: der Beginn einer neuen Atmosphäre, einer Offenheit, wo Menschen – verschiedenster Sprachen und Herkunft übrigens – angesteckt wurden von einem neuen »Geist«. Nicht dem Geist der Resignation, chronischer Klage und Entmutigung, der berechtigten Anklage gegen die oft so desolaten Zustände, die nur nach Aussteigen oder Wegträumen rufen, nein, sondern leben lernen in einem anderen »Geist«, inspiriert und beflügelt, voller Be-geist-erung!

Impuls

Wären Sie – ehrlich gesagt – je auf die Idee gekommen, Inspiration und Kreativität, Überzeugungskraft, Mut und »Feuer und Flamme sein« mit dem sogenannten »Heiligen Geist« in Verbindung zu bringen? Nach dem Lesen dieser Seiten aber vielleicht schon? Was bewirkt das Gelesene in Ihnen? Hat es Einfluss auf Ihr Denken über Religion, Glauben und Spiritualität? Wird sich etwas ändern – vielleicht in Richtung Offenheit und Freiheit? Denn immerhin sagt ein alter biblischer Brief ausdrücklich: »Der Buchstabe tötet – aber der Geist macht lebendig« und »Wo der Geist des Herrn ist, da ist Freiheit!« (2 Korinther 3,6.17). Öffnet das neue Dimensionen für Sie? Oder in Ihnen?

Pfingsten: Was hat das mit Inspiration, Kreativität und Überzeugungskraft zu tun?

Von *spiritus* (lateinisch) – »Geist« – kommt ursprünglich unser deutsches Wort »Inspiration«. Inspiriert ist jemand von einer Idee, die ihn be-geist-ert, einem Konzept, das er dann kühn, mutig und tatkräftig in die Praxis umsetzt. Dazu braucht es aber auch

Kreativität und Überzeugungskraft, daher spreche ich von dem Dreiklang »Grundkraft Inspiration, Kreativität und Überzeugungskraft«.

Stellen Sie sich das doch einmal konkret vor: Eine Gruppe von Fans, Anhänger eines Revolutionärs, wie wir gesehen haben, der für seine Überzeugung einstand und dafür sein Leben lassen musste – aus der Traum, enttäuscht die Anhänger, zerstoben der Glaube an das Neue. Einige Wochen später stehen *dieselben* Typen in der Hauptstadt, am großen Versammlungsplatz, beim Tempel, und sprühen und sprudeln und erzählen von etwas, das sie erlebt und erfahren haben. Es muss sie umgehauen haben. Weg ist die Angst, be-geist-ert bezeugen sie: Die neue Bewegung, sie lebt, »Er« lebt.

Ein neuer Geist hat sie ergriffen, ein Geist des Mutes und der Unerschrockenheit, ein Geist, der sie »Feuer und Flamme« sein lässt – in diesen Bildern wird davon erzählt. Ein »Sturm« der Be-Geist-erung ergriff sie und sie bezeugen und reden furchtlos und über-zeugend, und das Erstaunliche geschieht: Sie überzeugen auch viele Zweifler und Skeptiker unter den Zuhörenden.

Den Geist, der sie ergriffen hat, den nennen die alten Texte *Ruach* (hebräisch), und das heißt »Wind, Hauch, Atem« – und genau dieser Geist wird ebenso auch (griechisch) *dynamis* genannt, Kraft, »Kraft aus der Höhe«. »Heiliger Geist« heißt das in den deutschen Bibelübersetzungen, aber eigentlich müsste man ihn die »Wind-Hauch-Atem-Kraft« nennen: einen kraftvollen Lebens- und Verwandlungsgeist. Daher wird er in der Tradition auch der »Schöpfergeist« genannt, der Inbegriff von Kreativität.

Wir sagen oft: »Jetzt weht ein frischer Wind.« Den bräuchten doch auch heute viele Organisationen oder Institutionen, Religionen und Weltanschauungen: einen Hauch von kritischer Umsicht, Innovation, von Erneuerung, Zuversicht und Hoffnung. Die Leute damals in Jerusalem redeten davon, dass der Urgrund des Lebens sichtbar und erfahrbar ist: lebendig, mutig, überzeugend und kreativ macht er, dieser »Geist«. Schöpfergeist nannten ihn daher die Alten. *Veni creator spiritus* ruft ihn ein altes Lied aus dem 9. Jahrhundert: »Komm, Schöpfer-Geist.«

Wenn aber Mut und Schwung und Tatkraft fehlen?

Hanna, eine ehemals engagierte Lehrerin und Ausbildungsleiterin, erfährt es mit 57 Jahren: Plötzlich fühlt sie sich leer, ausgelaugt und ausgeblutet. »Alles ist mir zu viel, wird mir zu schwer, die Quelle sprudelt nicht mehr«, sagt sie zu einem Freund. Fehlende Be-Geist-erung, fehlende Kraft, keine Ideen, keine Impulse, kein Schwung, weg die Visionen, verloren die Ideen, aus der Traum.

»Ich konnte über so vieles nicht reden, hatte keine Worte und Symbole dafür, keine Chance, um zu zeigen, was mit mir los ist und in mir vor sich geht«, klagte Bodo, inzwischen 72 Jahre. Kein Mut zum Gespräch, keine Hoffnung auf neuen Schwung, auf frischen Wind in der Beziehung. Bis er in einem Kommunikationstraining für Paare lernte, sich zu öffnen, sich zu zeigen und sich einander mitzuteilen. »Da verwandelte sich unser Zusammenleben vollkommen. Unsere Ehe wurde verwandelt.«

Lang schon ermutigten ihn gute Freunde wie auch erfahrene Fachleute, den Psychologen und Berater Hans-Martin, die Anstellung in der ihn einengenden Institution zu beenden und seine eigene Praxis zu eröffnen. Aber er zögerte, drosselte die Ideen, Visionen, die revolutionären Gedanken, die in ihm brodelten und nach Entfaltung drängten. Aber seine Seele kümmerte, sein Körper kränkelte oft. Gebremste Kreativität! Ungelebte Inspiration. Immer neue Symptome erschienen wie Symbole: Trau doch dem Schöpfergeist und der Schaffenskraft in dir, der erneuernden Kraft, der Kraft aus der Tiefe und der Höhe. Aber die noch nicht entwickelte Überzeugungskraft von sich selbst und seinen Ideen hatte ihn bisher immer gehindert an ihrer Verwirklichung. Lang hat es gedauert, bis er den Anfang endlich wagte, sich, dem Himmel und der inneren Führung traute und aufbrach zu neuen Ufern: Fast 60 war er, als er sich selbstständig machte und nunmehr frei und unabhängig seinen eigenen Ideen folgen konnte und sein Potenzial voll, kreativ, ungehindert und unbeschwert leben konnte – in Gesundheit und voll Freude, Be-Geist-erung, Glück und Erfolg.

Impuls

Fallen Ihnen weitere Beispiele ein, bei denen Menschen Inspiration, Enthusiasmus, Kreativität und Tatkraft fehlen? Gehören Sie selbst manchmal auch dazu? Machen Sie sich doch auch einmal Gedanken, wie es *anders* wäre, wenn Kreativität und Inspiration fließen. Suchen Sie nach Beispielen, in denen deutlich wird, was der Schöpfergeist bewirkt. Wie zeigt sich die Kraft der Wandlung heute? Halten Sie ruhig ein wenig inne beim Lesen, um Umschau zu halten nach positiven, gelingenden Beispielen.

Wenn Kreativität und Inspiration fließen

Auch hier einige Beispiele für die Kraft und Wandlung heute, wenn der Schöpfergeist wirkt:

- Schon jahrelang war er unzufrieden mit seiner erfolgreichen Tätigkeit, Reinhard, Bankkaufmann. Es erfüllte ihn nicht mehr, Menschen nur in Finanzangelegenheiten zu beraten. Er wollte helfen, interessierte sich zunehmend mehr für Heilkunde, Natur- und ganzheitliche Medizin. Nach einer Ausbildung zum Heilpraktiker machte er mit 34 Jahren seine eigene Praxis auf. Mit Enthusiasmus, Begabung und Liebe zu den Menschen widmete er sich der neuen Aufgabe. Dank seiner guten Intuition, schöpferischer eigener Ideen und Weiterführung alternativer Methoden fanden viele bei ihm Hilfe und Heilung. Er sprach mit jedem in *seiner* Sprache, erklärte mit

Engelszungen Zusammenhänge und Hintergründe von Beschwerden und Heilungsmöglichkeiten und bezog immer den ganzen Menschen ein. So geschahen kleine und große Wunder: Heilende Hände und heilender Geist!

Bekannt als »Kaiser Franz Joseph« an »Sissis« Seite war er jahrelang als Schauspieler berühmt und begehrt: Karlheinz Böhm. Bis er einen anderen Ruf verspürte: Menschen helfen in Afrika, ihnen neue Zukunft, neue Perspektiven eröffnen. Inspiriert vom Geist der Hoffnung, der Liebe und der Möglichkeiten verwandelte sich sein Leben und um ihn her das vieler Betroffener. Mut, Kreativität, Überzeugungskraft: die Sprache der Taten und konkreter Hilfeleistung! Eine neue Sprache, ein neues Sein.

Mit 33 Jahren machte er es wahr, was er schon lange in sich spürte: seine Fähigkeit, Tieren zu helfen, sie zu verstehen, ihre Nöte zu erspüren. Dann fing Michi an, eine Ausbildung zum Tierpsychologen zu machen. Seine Arbeitszeit im Betrieb reduzierte er auf 80 %, um seine Ideen und Visionen zu leben, seinem Gespür zu trauen und seinem Leben neuen Sinn, neuen Geist, neuen Schwung zu geben. Kreativ und mit innerer Leidenschaft kommuniziert er mit den leidenden Tieren, hilft ihnen und lindert ihre Beschwerden.

Nur Plage und Qual war es tage- und wochenlang, als meine Frau und ich einen großen Umzug – den ersten nach 22 Jahren – vorbereiteten. So vieles war zu sortieren, zu prüfen, zu packen und zu entsorgen. Mitten in dem permanenten Stress, noch dazu im Hochsommer bei extremer Hitze und mit vielem Schweiß, vermochten wir die Situationen manchmal zu verwandeln: Wir bekamen eine »Eingebung«, hatten eine prickelnde, inspirierende Idee, die Zeit anzuhalten und »ein bisschen Frieden« zu finden. Mitten im Trubel schafften wir uns »Oasen«. Neben dem Wertstoffhof, zu dem wir vieles brachten, setzten wir uns zwischendurch gemütlich in ein kleines Straßencafé und stellten uns vor, wir seien im Süden, im Urlaub: Hinter den hohen Gebäuden da drüben sei das Meer – den Verkehrslärm von dort deuteten wir um als das wohltuende Rauschen der Wellen, des Meeres. So schufen wir uns – mitten im Chaos – eine Atmosphäre der Ruhe, der Gelassenheit, des Kraftschöpfens und des Aufatmens: Es herrschte der »Geist des Friedens« und der Freude, der Zuversicht und des Wohlgefühls. Kreativ hatten wir die Krisensituation für uns selbst verwandelt.

Diese Kraft hat viele Namen

Der Begriff »Heiliger Geist« ist wohl nicht der erste, der uns heute in den Sinn kommt, wenn es um die Kraft der Veränderung geht. Diese Kraft ist unfassbar, daher der Verweis auf die Urbedeutung des hebräischen Wortes *ruach* als »Wind«. Wie wollen Sie den »frischen Wind« erfassen und be-greifen? In seinem Brief an die Galater schreibt Paulus z.B. davon, dass dieser »Geist« »Früchte« hervorbringe. Diese »Früchte« sind positive Gefühle und angenehme Lebenszustände, die Sie wohl alle auch in Ihrem Leben kennen. Diese »Früchte des Heiligen Geistes« (Brief an die Galater 5,22) beschreibt Paulus wie folgt: »Liebe, Freude, Friede, Geduld, Freundlichkeit, Güte, Vertrauen, Sanftmut und Souveränität (wörtlich *Innenherrschaft*)«. Kennen Sie Geschehnisse, Zeiten, Räume oder Phasen, Zeit-Räume Ihres Lebens, wo diese »Früchte« in Ihrem Leben *da* waren, wo Sie *solche* Gefühle und Zustände erleben und genießen konnten? Die vielschichtige Bedeutung des Wortes »Heiliger Geist« und seine »Früchte« zeigen auf, dass genau dann diese »Kraft« wirkte, dieser »Geist« herrschte, dieser »Hauch« Sie anwehte, wenn Sie in Situationen fühlen konnten: Das ist dieser Geist, heilig und heilend, schöpferisch, inspirierend, bergend und Leben schaffend.

Impuls

Möchten Sie das soeben Erkannte vielleicht noch ein bisschen vertiefen und weiter in sich wirken lassen? Ergründen Sie dazu das Wort *Früchte* einmal genauer und erspüren Sie die Wirkungen der »Liebe«, der »Freude«, des »Friedens«, der »Geduld« und »Güte« usw. Je mehr Sie sich in jede dieser Qualitäten bewusst hineinversetzen und sich von ihr ergreifen lassen, desto deutlicher wird Ihnen werden, dass der »Geist« im Grunde der Inbegriff der »Lebenskraft« schlechthin ist. In solch konkreten, ganz sinnlichen Erfahrungen, wie den im Galater-Brief beschriebenen, sind Sie verbunden und vereint mit ihr, mit der »Grundkraft«, die man in anderen Kulturen »Life-force«, »Qi« oder »Ki« nennt, der ursprünglichen, elementaren Lebenskraft, verbunden mit der »Grundkraft Inspiration, Kreativität und Überzeugungskraft«.

AFFIRMATIONEN

- Im schöpferischen Tun bin ich dem Schöpfer besonders nah.
- Kreative Ideen inspirieren und beflügeln mich zu mutigen und überzeugenden Schritten.
- Ich bin erfüllt von Be-Geist-erung, Kraft, Mut und Zuversicht.
- Die göttliche Kraft wecke und fördere in mir Mut, Inspiration, Kreativität und Schaffenskraft.
- Ich bin erfüllt vom »Geist der Kraft, der Liebe und der Besonnenheit« (2 Timotheus 1,7).
- »Der Buchstabe tötet, aber der Geist macht lebendig« (2 Korinther 3,6).
- »Wo der Geist des Herrn ist, da ist Freiheit« (2 Korinther 3,17).
- »Liebe, Freude, Friede, Geduld, Freundlichkeit, Güte, Vertrauen, Sanftmut und Souveränität« (Galater 5,22) sind »Früchte«, welche die »Wind-Hauch-Atem-Kraft« immerzu und immer neu in mir entwickeln und entfalten möge.

JUNI

Gott auf der Straße (Fronleichnam)

Grundkraft Gottes-Gegenwart, Kraft und Segen

Es gibt Menschen – vor allem im Bereich der katholischen Tradition –, die verehren ehrfurchtsvoll die Gegenwart Christi in einer Hostie, jener kleinen, symbolischen Brotscheibe, die beim heiligen Abendmahl, der Kommunion in den Kirchen ausgeteilt wird. Sie beten vor ihr, verehrend, und erfahren und empfinden besonders eindrücklich die Nähe und Gegenwart Christi und Gottes darin. Das Fest Fronleichnam soll dem dienen. Im Mittelalter, im Jahr 1209, hatte die Augustiner-Nonne Juliane von Lüttich einen Traum, der ihr deutlich zu machen schien, dass in der kirchlichen Praxis ihrer Zeit etwas fehlt: ein eigenes Fest für die Verehrung der Gegenwart Christi, des Leibes des Herrn, in der Hostie (Fronleichnam kommt von *Vron* oder *Fron* = Herr, *lichnam* = lebendiger Leib, es ist somit zugleich das »Fest des Leibes«). Ein solches Fest wurde schließlich 1264 von Papst Urban IV. eingeführt und für die gesamte Kirche festgeschrieben.

Vielen evangelischen Christen ist diese Praxis fremd, vielen Katholiken dafür umso wichtiger. Fronleichnam ist Inbegriff von Buntheit, Üppigkeit, Freude an der Schöpfung, dem Blühen, den Blumen, Inbegriff von Leben, Lebendigkeit. Ein beinahe wollüstig schwelgerisches, überbordendes Sinnlichkeitsfest wurde in manchen Dörfern daraus. »Ein Fest schöner als Weihnachten«, so beschrieb es mir wortreich und hingerissen eine begeisterte Katholikin. Wochenlang sei man in den Wald gezogen, habe Moos und Blumen gesammelt. Es schein beinahe ein Fruchtbarkeitsfest zu sein: Blütenmeere, die liebevolle Gestaltung vieler Altäre, wochenlange Vorbereitung und singend-betende Prozessionen. In vielen Gegenden ist das sorgsame Schmücken der Altäre und die entsprechende Prozession auch verbunden mit Gängen über die Felder, zwischen den Äckern, Wiesen und Wäldern hindurch, singend, betend und segnend – fast wie bei alten Fruchtbarkeitsriten.

Ich habe dieses Treiben über die Jahrzehnte verfolgt und begann selbst zu entdecken, dass darin ein sehr hilfreicher Grundgedanke ausgedrückt wird. Wenn an Fronleichnam Menschen auf die Straße gehen, Prozessionen abgehalten werden, Wege geschmückt und von Menschen gesäumt sind, das Symbol der Gegenwart Christi und Gottes singend, betend und feiernd durch die Straßen getragen wird, dann wird deutlich: »Gott ist auf der Straße«!

Gott in Bewegung

»Gott« ist nicht starr und unbeweglich: Gott ist Dynamik. Er ist Bewegung, nicht Stagnation. »Gottes Sein ist im Werden« heißt demgemäß ein Buch des Tübinger Theologen Eberhard Jüngel[14] zur Frage nach »Gott als dem Geheimnis des Lebens«. In der Ursprache des ersten Teils der Bibel, im Hebräischen, sind »sein« und »werden« dasselbe Wort. Stellen Sie sich das einmal vor! Das bedeutet, dass ein So-sein nie end-gültig ist, nicht festgelegt, starr und unbeweglich, sondern auf Zukunft hin offen, in Entwicklung befindlich, im »Werden«, lebendig und wandelbar.

Impuls

Merken Sie, welche Freiheit sich damit eröffnet: nicht festgelegt sein. Wenn etwas »ist«, dann heißt das nicht grundsätzlich, dass es immer so bleiben muss. Denn Leben ist im Fluss, »alles fließt« (griechisch *panta rhei*), so betont der griechische Philosoph Heraklit. Leben ist lebendig und fließend, Zukunft ist offen. Finden Sie Beispiele? In der Natur und in Ihrem Leben?

Im Gehen also »ihn« verehren, den Urquell, »sie« verehren, die Lebenskraft: in der Be-weg-ung. Dieses ist auch ein Appell an uns, be-weg-lich und in Bewegung zu bleiben im Denken, Handeln, Glauben und Leben. Das tut uns allen gut. Wenn Sie wieder einmal eine solche Fronleichnams-Prozession sehen, schauen Sie sie ja vielleicht mit ganz anderen, ganz neuen Augen an.

Ich als »Monstranz«

Das wesentliche Element dieser Prozessionen, dieser Umzüge mit Singen, Beten, Litaneien von einem kostbar geschmückten Altar zum anderen, manchmal auch durch Felder und Wiesen, ist eine »Monstranz«. Sie wird vorneweg getragen und öffentlich gezeigt: Für Gläubige ist sie das Zeichen der göttlichen Gegenwart, denn darin ist die Hostie, die Gegenwart und Verdichtung des Leibes Christi, sichtbar. Die »Monstranz« ist ein »Zeigegefäß«, sie wird als ein besonders kostbarer, ganz spezieller Behälter hinausgetragen aus dem heiligen Bezirk, aus der Abgeschiedenheit und Besonderheit des Kirchenraumes, hinaus in die Welt, in die Natur. Auch in unseren Alltag hinein und auf die Straßen hinaus.

Aber da ist noch ein tieferer, weiterführender Gedanke, und der erscheint mir sensationell, nahezu atemberaubend: Wenn wir ernst nehmen, dass in den Heiligen Schriften die Rede davon ist, dass Gottes Geist die Lebenskraft *in uns ist*, uns erfüllt, uns durchdringt, wie der Atem, als Geistkraft, dann »verkörpern« ja wir selbst diese in der Hostie / Monstranz verehrte Gottesgegenwart: Dann werde *ich selbst Monstranz*, ein »Zeigegefäß« des Göttlichen!

In den mystischen Traditionen vieler Religionen spielt es eine entscheidende Rolle, dass Gott im Menschen Wohnung nimmt. Der Mensch ist dann ein Tempel, ein Heiligtum, erfüllt von Leben und Kraft des göttlichen Ursprungs und Quells. Wer in diesem Glauben und in diesem Geiste lebt, versteht sich selbst als Träger des Göttlichen in der und in die Welt.

Stellen Sie sich vor: Ich als Monstranz, ich als »Behälter«, als Tempel Gottes, des Lebens schlechthin, in dem der göttliche Funke, die göttliche Kraft, der göttliche Ursprung wohnen – eine Botschaft, die uns nicht nur im hebräischen und griechischen Teil unserer Bibel erreicht, sondern auch in der Mystik manch anderer Völker, Kulturen und Religionen als Hoffnung und Gewissheit in vielerlei Weise formuliert wird. »Gott will im Dunkel wohnen«, »Herr, komm in mir wohnen, lass meinen Geist auf Erden dir zum Heiligtum noch werden«, »So lass mich doch dein Kripplein sein, komm, komm und lege bei mir ein dich und all deine Freuden!«, »Oh Heiliger Geist, kehr bei uns ein, und lass uns deine Wohnung sein«, und besonders »… komm du nun auch zu mir. Wo du Wohnung hast genommen, da ist lauter Himmel hier. Zieh in meinem Herzen ein, lass es deinen Tempel sein!«, das sind Liedtexte, die diesen Gedanken Ausdruck verleihen.

Oder denken wir an jenes große Wort der spanischen Mystikerin und Kirchenlehrerin Teresa von Avila: »Hätte ich früher erkannt, wie ich das jetzt weiß, dass der winzige Palast meiner Seele einen so großen König beherbergt, dann hätte ich ihn nicht so häufig darin alleingelassen.«[15]

Welche Würde, welches Geschenk – aber auch welche Bürde, welche Aufgabe, nun im Leben zu stehen mit diesem Gefühl: Ich bin ein Wohnort Gottes in der Welt.

Gottes Gegenwart in uns – wir seine »Tempel«

Ein ähnlicher Gedanke wie bei Fronleichnam begegnet uns auf andere Weise auch in den Sommermonaten, wenn in vielen Orten, Dörfern und Gemeinden Kirchweihfeste gefeiert werden, oft dann säkularisiert als Kärwa, Chilbi oder wie man das sonst noch nennt. Ursprünglich ging es dabei um die Kirchen, ihre Entstehung, Geschichte und ihre Weihe. Dieser Ursprung ist oft gänzlich in Vergessenheit geraten.

Was aber noch mehr in Vergessenheit geriet und oftmals gar nicht bekannt ist, ist Folgendes: Im zweiten Teil der Bibel, dem Neuen Testament, ist an einigen Stellen davon die Rede, dass Menschen, die glauben und auf diesem Weg unterwegs sind, selbst »Tempel Gottes« sind. Nicht nur das Kirchengebäude als Wohnort Gottes also, nicht nur heilige Orte und Räume, sondern *wir selbst*. Da schreibt zum Beispiel Paulus in einem Brief an die Gemeinde in Korinth beinahe vorwurfsvoll: »Wisst ihr denn nicht, dass euer Leib ein Tempel Gottes ist?« Oder » … ein Tempel des Heiligen Geistes ist« (1. Korinther 3,16f.; 6,19). Welch eine Aussage über die Bedeutung und Würde unseres Körpers! Wie weit entfernt von einer oft moralisch-christlich verbrämten Leib-, Lust- und Körperfeindlichkeit in der Erziehung vieler Jahrhunderte und Generationen. Welch ein Irrtum, alles Leibliche, die Sinne, den Genuss, die Körperlichkeit als schlecht, niedrig oder gar sündig abzuqualifizieren, wie das in den Kirchen, Schulen, Erziehungseinrichtungen und Elternhäusern vieler Gegenden früher so sehr verbreitet war und zum Teil heute noch ist, wie ich in meiner psychotherapeutischen und seelsorgerlichen Praxis immer wieder mit großer Betroffenheit erfahre.

Aufatmen, Staunen und Umdenken heißt es da also! Die Nähe Gottes in uns und um uns erkennen, Segen und Würde neu erfahren. Wenn uns dazu diese Juni-Gedanken doch verhelfen könnten.

Impuls

Was lösen diese Gedanken denn in Ihnen aus? Wie geht es Ihnen bei der Vorstellung: Ich bin ein Wohnort und Tempel der Lifeforce, wie die Indianer das »große Geheimnis« nennen, des Göttlichen, der Kraft, die alles schafft und erhält und die Welt »im Innersten zusammenhält«. Können Sie es wagen, sich einmal hinzustellen und für sich laut den Satz zu sprechen: »Die Lebenskraft Gottes ist in mir. Ich bin erfüllt von heilsamer, göttlicher Gegenwart.« Sie sind damit zugleich im Einklang mit der Mystik aller Zeiten, Kulturen und Religionen.

Fülle mein Herz

Überwältigt von einem Wasserfall in einem entlegenen romantischen Tal in den Schweizer Bergen habe ich diese Sehnsucht, Wohnort Gottes in der Welt zu sein, einmal in folgende Worte gefasst:

Fülle mein Herz, fülle mein Herz, du mächtige Kraft des Lebens.
Komm tief hinein, nimm ganz es ein, du mächtige Kraft des Lebens.
Fülle mein Herz, fülle mein Herz, du heilende Kraft der Liebe.
Komm tief hinein, nimm ganz es ein, du heilende Kraft der Liebe.
Fülle mein Herz, fülle mein Herz, du liebende Kraft des Friedens.
Komm tief hinein, nimm ganz es ein, du liebende Kraft des Friedens.[16]

Das Göttlich-Heilige, das wir im Grunde in uns tragen, wird beim Fronleichnamsfest sozusagen symbolisch nach außen gebracht und sichtbar gemacht. Es wird *äußerlich anschaubar, was im Grunde wir selbst sind* – wie wir oben erkannten: Anwesenheit und Wohnort der göttlichen Wirklichkeit.

Segnen heißt einfach: Gutes sagen – Gutes wünschen

In bäuerlich-ländlichen Gegenden ist es in den Wochen um Fronleichnam herum Brauch, die Felder zu durchwandern und sie zu segnen – mit Weihwasser zu besprengen –, und so mit Gebeten und Anrufungen auf eine gute Ernte und ein fruchtbares Jahr zu hoffen. Was genau geschieht da? Hinausgehen in die Natur ist schon ein wesentlicher Impuls. Es zusammen mit anderen zu tun, im Miteinander, gemeinsam zu singen und zu beten, Gemeinschaft im Wandel(n), unterwegs – ist das andere. Heilsam – wie alle Wander-, Pilger- und Naturfreunde wissen. Aber was geschieht inhaltlich, wenn dabei *Segen* ausgerufen wird?

Segnen heißt von den Ursprachen her, im Lateinischen und Griechischen, ursprünglich einfach »Gutes sagen, Gutes wünschen« – wussten Sie das? Welch eine Wohltat, welch eine Tradition, welch ein Brauch. In die Natur gehen und Gutes sagen, zu den Pflanzen, den Tieren, zu den Blumen, dem Wind und dem Wetter, zu der Sonne und dem Regen. Wenn wir das ausweiten auf uns Menschen, welche Lebenskraft drückt sich da aus, in dieser Tradition? Welche Grundkraft gelingenden Lebens, wenn wir so anfangen, positiv-konstruktiv zu denken und zu reden, zu hoffen, zu glauben und zu wünschen?

Segen für alle

»Ich wünsche diesem Menschen, meiner Frau, meiner Nichte, meinem Kollegen …: Ich wünsche dir Zuversicht und immer neuen Lebensmut. Ich wünsche dir Gelassenheit und Selbstvertrauen – oder Geduld. Spann- und Tragkraft für diese schwere Situation.« Oder: »Ich wünsche dir Erfolg, Glück und Zufriedenheit. Ja: Ich wünsche dir und mir tiefen Seelenfrieden.«

Impuls/Ritual

Nehmen Sie sich Zeit und halten Sie einmal beim Lesen inne. Stehen Sie vielleicht auf und öffnen das Fenster, unterbrechen Sie den Tagesablauf und machen Sie es sich gemütlich und bequem als Vorbereitung eines besonderen Rituals. Im Anklang an die Metta-Meditation aus Tibet, wo man in der Ruhe und Stille der inneren Haltung der Meditation Sätze spricht, zunächst in Richtung auf sich selbst, und dann auch auf andere bezogen, sprechen Sie die folgenden Sätze zunächst laut – später weiter leise in sich, denn auch das ist Segen:

»Möge ich glücklich sein.
Möge ich Frieden und Geborgenheit erfahren.
Möge ich frei von Schmerzen sein.
Möge ich mit Krankheit und Schmerzen gut umgehen können.
Möge ich mit Heiterkeit und Leichtigkeit meiner Krankheit, meinem Altern und meinem Sterben begegnen können.« [17]

Sie können diese Sätze zunächst für sich selbst sprechen, in der Ich-Form, und dann aber auch wünschend für eine konkrete Person in der Du-Form. Eine sehr wertvolle Übung und Meditation.

Die Kraft des Segnens

Das wäre doch ein Projekt: Segnend leben lernen – segnend durch die Gegend ziehen – auch ohne Priester und Gemeinde, ja noch weiter gedacht: darin *selbst* Priesterin und Priester, eben ein segnender Mensch werden. Segnen heißt ja – so haben wir erfahren – einfach: Gutes wünschen, Gutes sagen (lateinisch *benedicere*, griechisch *eulogein*). Etwas Stärkendes, Aufbauendes denken über jemanden und/oder zu jemandem sagen, ihm oder ihr etwas wünschen, was wohltut, fördert, hilft und aufrichtet: Solches Denken und Sagen ist gemeint mit der »Kraft des Segnens«.

Stellen Sie sich vor, es gibt tatsächlich eine Frau in Zürich am Hauptbahnhof, die die kommenden und gehenden Menschen »segnet« – so erklärt sie. Innerlich, ohne laute Worte, ohne großes Aufsehen tut sie das. Aber ihr So-Sein hat Wirkung. Es wurde in den Medien viel über sie berichtet, geschrieben und gezeigt – man nennt sie den segnenden »Engel von Zürich«[18]. Einmal war ich selbst mit meiner Frau zusammen am Züricher Bahnhof und wir haben uns sehr gefreut, sie zu sehen und dort anzutreffen. Sie stand da, hinter ihrem Rollstuhl, leicht gebückt, mit ihrem klaren, leuchtenden Gesicht und schaute hochkonzentriert die Menschen an. Dann wollte ich sie gerne ansprechen, Kontakt aufnehmen, ein wenig mit ihr reden und Erfahrungen austauschen. Freundlich, aber bestimmt jedoch wies sie mich zurück mit der etwas barschen Wendung: »I han etzt kei Ziet (Ich habe jetzt keine Zeit). Da kommen gerade so viele Leute an, und ich bin doch zum Segnen da!« Etwas enttäuscht bin ich weggegangen. Zu schade aber auch …, und doch hallte es in meinem Inneren noch wochenlang nach, dieser Satz: »Ich bin doch zum Segnen da!«

Tja, so ist das: Ich bin zum Segnen da. Ein Lebensprinzip, ein Lebensmotto! – Wofür bin ich da? Wofür Sie? Was (er-)füllt unser Leben, gibt ihm Inhalt, Bedeutung und Sinn? Da sind unsere Erfolge, Errungenschaften und Leistungen, wenn es gut geht. Schwerer wird es schon in schwachen, kranken oder einsamen Zeiten. Was füllt dann mein Leben, gibt ihm Sinn? Der »Gott auf der Straße« will überall hin, in uns, ins Normale, Unspektakuläre, in den Alltag.

Es geht gar nicht nur um unsere großen Taten, sondern um unser Sein. Gütig sein – zu sich und anderen –, freundlich werden – zu sich und anderen. Segnend leben und so zum Segen werden: einfach anderen Gutes wünschen – ob sie es wissen oder nicht. Das geht auch über die Ferne, geht auch in schlaflosen Nächten, in Zeiten erzwungener oder gewählter Untätigkeit, auch für Arme, Behinderte, Alte, Kranke und bekümmerte Menschen: Gutes denken, Gutes sagen, Gutes wünschen – allen, die mir in den Sinn kommen. Und so ein Sinn-volles Sein finden …

AFFIRMATIONEN

- Ich möchte ein segnender, gütiger, liebevoller Mensch werden.
- *(Einatmen und beim Ausatmen sprechen:)* Ich lebe. *(Einatmen und beim Ausatmen:)* Ich atme. *(Einatmen und beim Ausatmen:)* Die Geistkraft Gottes wirkt in mir. *(Einatmen und beim Ausatmen:)* Ich bin erfüllt mit Seelenfrieden.
- Ich lerne, neu und konstruktiv zu denken, mir selbst und anderen Gutes zu sagen und Gutes zu wünschen. Das ist ein Segen.
- Ich genieße die neu erkannte Würde, Wohnort und Tempel Gottes zu sein, und liebe, pflege und genieße meinen Körper ganz neu.
- Leibsorge ist Seelsorge, Körperpflege ist Tempeldienst!
- Ich bin dankbar dafür, ein Wohnort, ja Tempel Gottes sein zu dürfen, und sehe und behandle nun auch andere und ihren Körper so: in Achtsamkeit und Wertschätzung, Ehrfurcht und Hingabe.
- Leben ist Wandel, Sein ist im Werden. Ich bin unter-wegs, in Be-weg-ung.

JULI

Zeit zum Leben (Sommerfeste)

Grundkraft Lebenslust, Lebensfreude und Genuss

Ein Sommer voller Festzeiten! Da ist eine freie Zeit, frei von im christlichen Festkalender traditionell verankerten, von »offiziellen« Festen – frei, damit wir uns selbst überlegen, »wie wir feiern können« (so heißt ein bekanntes Buch von Jörg Zink). Vielleicht haben Sie selbst Ideen für eigene, selbst entwickelte, erfundene, die Lebensfreude gestaltende Feste? Kurz nach dem Höhepunkt des Jahres (dem 21. Juni, Sommeranfang), der Wärme, des Sonnenlichtes, ist in vielen Gegenden und Ländern Urlaubszeit: Wie sie genießen? Vereinsfeste, Dorf-, Straßen-, Stadtteilfeste, Feste mit und ohne Anlass, das prägt diese Wochen und Monate! Vielleicht ja auch im Kleinen ein Fest suchen – immer wieder neu? Ein bekannter Text scheint das anzuregen:

Nimm dir Zeit
Nimm dir die Zeit zum Arbeiten. Das ist der Preis für den Erfolg.
Nimm dir die Zeit zum Nachdenken. Das ist die Quelle der Kraft.
Nimm dir die Zeit zum Spielen. Das ist das Geheimnis der Jugend.
Nimm dir die Zeit zum Lesen. Das ist das Fundament des Wissens.
Nimm dir die Zeit für die Andacht. Das wäscht den irdischen Staub von deinen Augen.

Nimm dir die Zeit für deine Freunde. Das ist die Quelle des Glücks.
Nimm dir die Zeit zum Lieben. Das ist das einzige Sakrament des Lebens.
Nimm dir die Zeit zum Träumen. Das zieht die Seele zu den Sternen hinaus.
Nimm dir die Zeit zum Lachen. Das ist die Erleichterung, welche die Bürden des Lebens tragen hilft.
QUELLE UNBEKANNT

Impuls

Lesen Sie den Text »Nimm dir Zeit« doch bei nächster Gelegenheit, einem Fest, einem Treffen oder an einem ruhigen Abend daheim den anderen vor und sprechen Sie darüber. Was löst er aus? Wo regt sich Widerspruch? Wo Zustimmung?

Festen, Feiern, Fülle des Lebens genießen

Juli – Hochsommer, für viele die Zeit der Feste, Feten, Partys. Flirrend heiße Tage, helle lange Nächte, eine ganz andere Atmosphäre. Der Duft von Grillfeuern liegt in der Luft, Musik von Festivals, Sommer- und Gartenfesten, Geschmack von Würstchen und Steaks, Grillfisch oder Wein und Fassbier im Gaumen, Lust und Liebe in Bauch und Herz. Schon im Mai und Juni waren die Abende und Wochenenden zunehmend von Festen geprägt, im Juli und August erreicht diese Fest-Zeit nun den Höhepunkt. Wünsche, Pläne, Ziele, Hoffnungen bewegen die Gemüter. Es sind nicht die großen traditionellen Kirchenjahresfeste, die jetzt so viele in Bewegung bringen, sondern andere, im Umkreis von Vereinen, mit Freunden, in der Nachbarschaft oder die Groß-Ereignisse wie Freilichttheater, Open-Air-Konzerte, Fußballspiele der Länder, Europa-, Weltmeisterschaft oder alle vier Jahre die Olympischen Spiele. Sommer ist's eben, Hochsommer, Hoch-Zeit!

Der große Kontrast

Es gibt einen starken Kontrast des Sommers zur Stimmung der Monate und Feste auf der anderen, der »dunklen« Seite des Jahres, im Herbst und im Winter. Haben Sie das auch schon einmal bemerkt? Der Juli ist völlig anders als der November, der Sommer völlig anders ausgerichtet als der Winter. Sich meditativ hinsetzen, in sich gekehrt, konzentriert, nach innen schauen, nach innen lauschen, das passt eher für die Zeit der dunklen Monate. Nur wenigen gelingt das auch in den heißen Wochen, wo Aufbruch und Fülle herrschen, Taten drängen. Geht es Ihnen auch so? »Alles hat seine Zeit«, sagt der alte weise Prediger Salomon (Buch Kohelet 3).

Jetzt aber ist die Zeit der Expansion, sich nach außen zu orientieren, Buntheit, Feste, Üppigkeit genießen, draußen feiern, laue Nächte genießen, sich der Stimmung hingeben.

Juli ist die Zeit der Feste, der Fülle! Die Wochen des Juni, Juli und August gehören der Wendung nach *außen*. Die lauen Abende und Nächte laden ein zum draußen Sitzen, Grillen, Essen, Trinken, Tanzen, Singen – oder Lauschen. Wärme, Sinnlichkeit und Lust genießen.

Alles ballt sich: Barden-, Fischer-, Vereinsfeste oder aber lokale Festivitäten wie Kirmes, Kärwa, Chilbi oder Kirchweihfeste – wie man das eben je nach Gegend benennt. Es wird gejubelt, geliebt, gefreit – das ist der Sommer, Höhepunkt des Jahres.

»Ich wünsch dir einen frohen Sommer! Die Sommer sind ja so wichtig in unserem Leben«, sagte mir vor Jahren eine lebensfrohe, vor Energie sprühende weise Freundin, Meditations- und Tanzanleiterin, die dann doch nicht mehr viele Sommer genießen konnte. Ja, vielleicht sind sie ja auch *darum* so wichtig: Wer weiß, wie viele wir noch haben? Vor Jahren verdichtete sich mir diese Wendung nach außen, zum Leben, zur Fülle, zum Glück des Sommers und des Lebens in folgendem Gedicht:

Sommerfülle

Wind streichelt durch Wipfel,
umschmeichelt unsere Haut.
Das Orchester der Natur begleitet uns.
Die Blätter rauschen, wispern, flüstern.
Wärme – Fülle – Üppigkeit.
Schwelgen der Sinne.
Duftschwanger Blüten und Luft.
Heiße Nächte, heiße Tage, immerzu,
heiße Küsse, feuchter Schoß,
Genießen, Sattsein, Frieden,
in Glück und Lust zerfließen.
Hitze wallt,
Herz pocht, Freude hallt
im Dom der Seele
und der Welt!
Tief drinnen Frieden, Ruhe, Glückseligkeit,
Hochsommer, Hoch-Zeit.
Hoch lebe das Leben, die Liebe, die Lust!
Leben, Lebendigkeit,
Pochen des Blutes,
Fließen der Säfte –
Lachen und Sein,
und fühlen das Glück,
das jetzt ist.
Im Freien
frei sein,
jetzt sich freuen,
der Freiheit und Freude,
des Fühlens, des Leibes,
des Jahres, des Lebens,
des Seins.

HANS GERHARD BEHRINGER

Auch Freude muss man wieder lernen

Ein Monat der Lebensfreude – mit allen Sinnen. Die Lebensfreude verehren, feiern, zelebrieren durch Singen, Tanzen, Speisen, Feste feiern, Bewegung, Wandern, Schwimmen, Radeln – was ist Ihres? Gerade in der Urlaubszeit, Freiheit, Zeit für Muße, Zeit für Kür, Zeit für *sich* … Oft muss man das jedoch erst wieder spüren lernen: Wie fühlt sich das an: Lebensfreude? Woran merke ich, dass sie kommt, dass sie klopft, da ist und mich erfüllt? Was sind ihre Signale? Viele haben das heute zu spüren verlernt – es ist untergegangen in Disziplin und Pflichterfüllung, Pünktlichkeit und Genauigkeit, in Entsagung gegen die eigenen Bedürfnisse zugunsten von Familie, Betrieb, Firma, Partei, Kirche, Ehrenamt oder was sonst, bis hin zum ach so verbreiteten, immer mehr um sich greifenden Burn-out bei vielen.[19]

Wieder fühlen lernen

Impuls

Ich lade Sie ein zu einer kleinen Fühl- und Vergegenwärtigungsübung:

Stellen Sie sich aufrecht hin, die Füße etwa hüftbreit auseinander. Die Knie nicht durchgedrückt, sondern leicht gebeugt, für einen beweglichen, lockeren Stand. Dann machen Sie ein paar Schritte aus dieser Ruhe heraus: einmal aufrecht gehen – ganz bewusst. Die verschiedenen Arten des Gehens spüren. Woran merke ich: Ich bin gehetzt? Woran: Ich bin gelöst und glücklich? Wie: Ich bin bedrückt oder belastet? Beglückt? Aufgerichtet? Merken, wie mir ist und wie es mir geht, ist der erste Schritt zur Veränderung, zur Steuerung meines Lebens, zu einem konstruktiven Selbstmanagement und einer neuen Souveränität.

Es können ganz verschiedene Wege sein, die gerade für Sie passen und stimmen, um ins Staunen, Fühlen und tiefe Erleben zu kommen: Tai-Chi oder Qigong, Bali-, Thai-, Schüttel- oder Wellnessmassagen, Klang-, Duft- oder Sprudel- und Licht-Bäder. Oder ganz anders? Sich fordern, Grenzen suchen, testen mit Mountainbike, Bergwanderschuhen, Trekkingausrüstung. Wandern, Zelten, Schwimmen. Allem ist eines gemeinsam: Wichtig ist fühlen, achtsam werden, sich spüren.

Grenzen achten, achtsam sein und achtsam bleiben

Bei aller Lebensfülle, Lebensfreude und Lebenslust gehört aber auch dazu, unsere Grenzen zu achten, die Achtsamkeit im Umgang mit unseren Reserven zu üben. Ich hatte ein Burn-out und es wurde mir nach und nach klar, dass dies nicht ein für alle Mal überwunden werden kann, sondern dass man anfällig bleibt. Als ich das einem Freund klagte, bestätigte er mir: »Das ist nie ganz vorbei. Man hat das nie ganz und gar hinter sich. Besonders engagierte, begabte und begeisterte Mitarbeiter/innen, Angestellte, Menschen überhaupt bleiben anfällig für die Gefahr, über ihre Grenzen zu gehen. Darum heißt es: Wachsam bleiben!« Es ist wie bei der Sucht: Man bleibt Alkoholiker, auch wenn man trocken ist – und genauso gilt das auch für Workaholics.

Zum Erhalt der Kraft, der Lebensfreude bleibt wichtig:

- Einüben, rechtzeitig Grenzen zu erkennen.
- Den Satz üben und schaffen: »Das kann ich nicht mehr.« »Mehr schaffe ich nicht.« »Das wird mir zu viel.«
- Ich bin nicht allein: Verantwortung abgeben und mir helfen lassen.
- Nicht allmächtig und allgegenwärtig sein wollen!
- Meine Lebensenergien und meine Kraft dosieren und steuern!

Die Gefahr bleibt! Daher ist es so wichtig, sich nicht verführen zu lassen, um die Begrenztheit des eigenen Kräftereservoirs zu wissen und die eben genannten Punkte *permanent zu üben.* Es ist wichtig, immer wieder Pause zu machen, man sollte nicht die Macht der Pausen unterschätzen. In dem wunderschönen schwedischen Film »Wie im Himmel« erklärt die charmante Lena so unvergleichlich sanft und zugleich überzeugend dem Chorleiter, der Hauptfigur: »Kaffeepausen sind auch wichtig!« Im Grunde kennen wir das ja von den Südländern. Dort ist es üblich und selbstverständlich, dass die Menschen eine Siesta machen, gerade und speziell in der belastenden, heißen Zeit, in der Mittagszeit. Nicht nur strotzen vor Kraft und Aktivität, Betriebsamkeit und Selbstverwirklichung, sondern sich auch Ruhe gönnen, zur Ruhe kommen, in die Balance und Stille finden. Oft liegt das Große und Stärkende ja auch im Kleinen und Unscheinbaren.

Das Glück im Kleinen

Oft suchen wir das Glück im Großen, Lauten, Überschwänglichen, manchmal gar im Teuren, Spektakulären, Außergewöhnlichen. Da *kann* es zwar sein, oft aber verbirgt sich Glück gerade auch im Kleinen und Unscheinbaren.

Impuls

Wie wäre es mit einer kleinen Pause? Einem Kaffee/Tee/Kaltgetränk? Und dem Träumen und schweifen-Lassen Ihrer Seele mit der Frage nach Ihren »kleinen Glücksmomenten«: Wo (er) kenne ich die kleinen Wunder, das heißt Situationen, wo ich *nur* staune und mich wundern und freuen kann, über ganz Unauffälliges vielleicht, über Belanglosigkeiten, etwas Unspektakuläres, aber mich erfreut und stärkt es? Finden Sie Beispiele?

Vor Jahren entdeckte ich für mich das Glück im Kleinen: Hier – Heute – Jetzt, und drückte es mit folgenden Zeilen aus:

Nimm das Leben als Spaziergang!
Oftmals denk ich: Wenn mal …, dann …!
Früher dacht' ich:
Wenn ich erst mal groß bin, dann …
Wenn ich in der Schule bin …
Wenn ich aus der Schule bin …

Später dacht' ich:
Wenn ich erst mal das Examen hab
und dann eine Arbeitsstelle
oder genug Geld,
Familie, Kinder,
dann …

Oder: Dann am Wochenende
oder an den Feiertagen, dann …

Und so geht es immerfort:
Nach dem Urlaub …,
in zwei Jahren …,
immer: dann!

So vergess ich, dass es ist
wie beim Gehen eines Wegs.
Viele Glücke warten, dass
ich sie pflücke – unterwegs.
Doch ich schau immer nur
weit voraus,
schaue aus
nach einem Ziel.

Und so überseh ich fast
manches schöne, kleine Glück.
Stets getrieben von der Hast
nach dem wahren, großen Ziel.

Darum sag ich jetzt zu mir:
Es ist keine Wanderung
auf ein Ziel zu,
dieses Sein:
Nein: Im Wege liegt das Ziel!

Nimm das Leben als Spaziergang.
Nimm wahr, was jetzt um dich ist.
Nimm es wach in dich hinein,
jedes Jetzt, lass dich drauf ein,
auf die Sinne.
Und besinn dich,
dass der Sinn ja dieses Wegs
in dem Wege selbst liegt,
nicht erst vorne, dann – am Ziel.

Es ist jetzt
schön
hier bei mir.
Ganz entspannt im Jetzt und Hier.
Nicht erst dann, wenn …,
sondern heute
nehm ich Leben als Spaziergang.
HANS GERHARD BEHRINGER

Vom Glück im Kleinen erzählen auf humorvolle Weise auch die beiden folgenden Geschichten:

Von Kleeblättern und anderen Dingen
»Ich habe nie Glück«, seufzte ich. »Unsinn«, krähte der kleine Gott, »du hast Glück!« »Nö, ich gewinne nie etwas und finden tue ich auch nichts – nicht einmal ein vierblättriges Kleeblatt, das Glück bringen soll.« »Ach, du armer Menschling«, seufzte nun auch der kleine Gott, allerdings ganz wohlwollend und freundlich. »Hier, ich schenke dir etwas, das Glück bringt.«

Er gab mir ein dreiblättriges Kleeblatt. »Das soll Glück bringen? Das gibt es doch überall«, entfuhr es mir. »Klar«, sagte der kleine Gott, »das gibt es überall, hier auf der ganzen Wiese, die ist übervoll mit Kleeblättern, dreiblättrigen. Das seht ihr gar nicht mehr. Ihr seid wirklich komisch, ihr Menschlinge: Ihr sucht das Besondere, das Vierblättrige – und vergesst dabei alles andere, die ganze große Wiese. Hier liegt das Glück.«

Dabei öffnete er die Hand und warf das Glück des Augenblicks auf die Wiese. »So«, sagte er, »Jetzt kannste suchen, das Glück steckt in jedem Blatt, versteckt sich im ganz Normalen. Aber beeil dich, da hinten kommt schon eine Kuh, die frisst alles und wird glücklich. Willste nicht auch glücklich werden?«

»Meisifangen«

Meine Frau Madelaine hat einmal Folgendes mit unserer Enkelin Ronja erlebt – eine Entdeckung des »großen Glücks« im »kleinen Unscheinbaren«:

Ich bin mit meiner 2-jährigen Enkelin Ronja auf einer Wanderung in den Davoser Bergen. Gemeinsam mit einer Freundin wandern wir von Ischalp nach Clavadel. Wir machen zu dritt diese kleine Wanderung, ca. eine Stunde, wie wir meinen, doch weit gefehlt! Die Wanderung entwickelt sich zu einer Expeditionsreise sondergleichen. Ronja stapft mit ihren kleinen Beinen tapfer den Berg hoch. Da hören wir von ihr plötzlich ein begeistertes »Meisi, Meisi, Meisi!«

Ronja kauert auf der Erde und schaut fasziniert auf die Ameisen, die den Weg mit ihrer Geschäftigkeit säumen. Wir lächeln mit ihr und freuen uns an ihrer Freude. Ronja ist völlig aus dem Häuschen und ruft immer wieder: »Meisifangen, Meisifangen!« Sie erwartet von uns, dass wir das jetzt sofort für sie tun. Natürlich wollen wir ihr den Wunsch erfüllen. Wir versuchen, die Ameisen zu fangen. Das ist aber gar nicht so leicht: Ameisen sind nicht nur fleißig, sondern auch schlau. Nach erfolglosem Unternehmen ist Ronja bereit weiterzugehen, unter der Bedingung, dass wir auf dem Weg weiterhin Ameisen suchen. Das tun wir dann auch – es gibt unheimlich viele Ameisen auf dem Weg nach Clavadel. Doch Ronja wird nicht müde bei jeder, wirklich bei *jeder* Ameise zu rufen: »Meisifangen, Meisifangen!« Wir wenden verschiedene Strategien an, um die Ameisen zu überlisten. Ein Blatt oder ein Stock wird eingesetzt, doch die Ameisen merken schnell, wie hier der Hase läuft, und haben uns durchschaut. Keine einzige Ameise lässt sich von uns fangen.

Nach einer Stunde ist Ronja dann so müde, dass sie in den Kinderwagen steigt und – wie wir hoffen – bald einschläft. Aber das ist ein Irrtum. Sie sitzt, wie ein Jäger auf seinem Hochsitz, und späht aus dieser Höhe ihre Beute aus. Mit ihren Argusaugen entdeckt sie eine nach der anderen. Aus dem Wagen raus, in den Wagen rein, jede Ameise wird begrüßt mit dem Ruf: »Meisi!« oder: »Meisifangen!« So geht das unentwegt, bis dann der Schlaf doch übermächtig wird und Ronja für knapp eine Stunde schläft. Jetzt hätten wir ja zügig weitergehen können, aber unsere Blicke suchen auch ohne Ronja dauernd nach »Meisi« – und wir sehen sie unentwegt. Unsere Schritte sind langsam und bedächtig, der Blick für die kleinen emsigen Tiere geschärft.

Ronja erwacht und die Expedition geht von vorne los: Das Erste, was wir von ihr hören, ist: »Meisifangen, Meisifangen!«

An diesem Tag ist auf dem Weg ein seltsames Trio zu beobachten: Zwei Erwachsene und ein Kind kauern ständig auf der Erde und versuchen »Meisi« zu fangen. Alle, die an uns vorbeigehen, unser Tun verwundert betrachten oder auch kommentieren, gehen mit einem Lächeln, manchmal sogar mit einem lauten Lachen weiter. Unser Tun verbreitet Freude, oder ist es Ronjas dauernder Ruf: »Meisifangen, Meisifangen!«? Das nützlichste Werkzeug ist eine Rinde, mit der wir es schaffen, zwei Ameisen ein paar Hundert Meter weit, zu Ronjas größter Freude, mitzunehmen.

Nach vier Stunden kommen wir in Clavadel an, ohne Ameisen, aber glücklich und gelöst. Das waren vier Stunden Glück! *Glück ist, im Alltäglichen die Perlen (»Meisi«) zu entdecken!*

Impuls

Haben diese ansteckenden, fröhlichen Geschichten Sie angerührt, vielleicht auch angeregt und inspiriert? Eigene Ideen oder Erinnerungen geweckt? Dann machen Sie sich doch einmal selbst auf den Weg und auf die Suche, als »Freudensucher/in« oder »Glücksfinder/in« sozusagen: Holen Sie schnell Papier und etwas zum Schreiben, unterbrechen Sie das Weiterlesen und schreiben Sie Ihre eigenen Freude- und Lust-Geschichten auf. Ganz ohne Anspruch, nur für sich selbst, nicht, um jemandem gefallen zu wollen, nur sich selbst und der Muse und der Lebenskraft in Ihnen. Wie wäre das?

Werden Sie doch Freudensammler!

Jetzt noch eine kleine Glücksanleitung aus meiner eigenen Erfahrung, wie ich Freuden sammle.

Es sind ganz kleine Dinge, die ich da sammle: Da gehe ich z.B. nach einem Großeinkauf im Einkaufszentrum extra zu Fuß zu dem kleinen Zeitschriftenhändler bei mir in der Nähe, um dort bei ihm meine Fernsehzeitung zu kaufen – und nicht beim Einkaufsriesen mit dem ohnehin großen Geschäft. Er freut sich jedes Mal wie ein Schneekönig, strahlt über sein breites Gesicht, lächelt, verbeugt sich höflich und bedankt sich – dafür, dass ich extra komme. Wenn ich dann weggehe, merke ich: Auch *mein* Gesicht strahlt jetzt, ich bin angesteckt und erfüllt von Freude, seiner und meiner eigenen. Manchmal lasse ich einen Einkaufswagen mit dem Euro drin auf dem großen Parkplatz irgendwo extra stehen und stelle mir die kleine Freude und Überraschung vor, die jemand haben wird, der ihn findet.

Einmal wollte ich Blumen kaufen, einen Orchideenstock für einen Geburtstag, und gehe in das große Blumenzentrum bei mir um die Ecke und schaue mich um: Riesenauswahl, viele Kunden, alles groß. Tags zuvor hatte ich schon in einem kleinen Blumenlädchen am anderen Ende unseres Stadtteils geschaut. Aber als ich nun diese Fülle beim großen Monopolisten sehe, entschließe ich mich, wieder zu gehen, den Weg auf mich zu nehmen zu der Frau im kleinen Laden. Dort ist ohnehin seit einem halben Jahr sogar Sackgasse wegen der U-Bahn-Baustelle. Die Frau macht also wohl fast gar kein Geschäft mehr. Ich gehe also hin, finde etwas Schönes, plaudere ein wenig mit ihr, kaufe die neue Sonderzüchtung und erzähle ihr schließlich sogar meinen Weg hierher und die Gründe. Oh je, hat die sich gefreut! Das hat in mir Resonanz gefunden, hat nachvibriert, noch eine ganze Weile lang: Freude schenken und zugleich für sich selbst schaffen – Freuden sammeln.

Impuls

Mein Vorschlag, wir sollten einen Club gründen: So wie es Briefmarkensammler gibt oder Münzensammler, wie es Pilzesammler gibt oder Frederick, Leo Lionnis berühmten »Farbensammler«. CDF würde er heißen, denke ich: »Club der Freudensammler«. Möchten Sie Mitglied werden? Freuden-Sammler, Freuden-Sammlerin, Freuden-Sucher, Freuden-Sucherin, Freuden-Spender, Freuden-Spenderin.
Mich freuen daran, wo ich Freude finde und Freude mache und schaffe! Das wäre doch ein kraftvolles *Ritual* das ganze Jahr hindurch – auch über den Juli hinaus!

AFFIRMATIONEN

- Ich gebe mich dem Leben hin.
- Ich erlaube mir selbst, zu wachsen, lang und gut zu leben, zu gedeihen und bei guter Gesundheit zu sein.
- Ich freue mich an ganz kleinen Dingen und schöpfe so immer neue Kraft.
- »Ich sammle Farben für den Winter« (wie die Maus Frederick).

- »Geh (hin-)aus mein Herz und suche Freud(e)!« (Paul Gerhardt).
- »Wer nicht genießt, wird ungenießbar« (Theresa von Avila, christliche Mystikerin).
- Jesus sagt: »Ich lebe, und ihr sollt auch leben – leben und volles Genüge haben« (Johannes-Evangelium 14,19 und 10,10).
- Ich bin getrost, geschützt, gesund, gelassen, gelöst.
- Mein Leben blüht auf: Ich finde Zufriedenheit und Sinn.
- Durch alle Sinne zum Sinn!

AUGUST

Gott ist weiblich (Maria Himmelfahrt, 15. August)

Grundkraft Geborgenheit und Zuversicht

»Wir leben in einem freundlichen Universum«, soll Albert Einstein einmal geäußert haben. Ein stärkendes Lebensmotto, ein starkes Lebensgefühl, nicht wahr? Gut, wenn das eine innere Hoffnung oder gar innere Gewissheit ist.

Allerdings gibt es in allen politischen und religiösen Systemen, allen Weltanschauungen, Religionen und Konfessionen auch Bewegungen, die in sogenannter Rechtgläubigkeit erstarrt sind, autoritär nichts anderes als die eigene Sichtweise gelten lassen und extremistisch dazu neigen, nur sich selbst als »alleinseligmachend« zu behaupten.

Autoritär-absolute, fundamentalistisch-fanatisch-dogmatische Teile und Richtungen jedweder Religion sind immer in Gefahr, das Dogmatisch-Herrschaftliche ihres Glaubens in absolutistischem Sinne zu verstehen und zu verkünden: Dabei wird jedoch leicht die warm- und weitherzige Seite des Lebensursprungs, der »Quelle« oder »Gottes« – wie auch immer wir ihn verstehen –, verdeckt, verstellt, verkannt oder gar verleugnet und bekämpft. Gegen diese Gefahr werden wir im Monat August »eingespurt«

auf Gottes Weite, bergende Güte, Vertrauen und Zuversicht weckende Zuwendung.

»Wir leben in einem freundlichen Universum« ist eine wahrhaft ermutigende Affirmation. Als Gegengewicht zu den vielen Zukunftsängsten, den Zweifeln, Sorgen und Nöten, die viele Menschen in unserer Zeit hin und wieder oder gar ständig bewegen und umtreiben. Als Gegenkraft dazu könnte diese positive Hypothese dienen: Das Universum, die Quelle des Lebens überhaupt, ist uns freundlich und wohlgesonnen zugewandt.

Dieser Gedanke begegnet uns symbolisch am 15. August in einem Fest, das in katholischen Gegenden der »große Frauentag« oder »Maria Himmelfahrt«, »Mariä Aufnahme in den Himmel« heißt. Dieses Fest liegt ziemlich genau zwischen Sommer- und Herbstanfang. Ins Zentrum der Aufmerksamkeit katholischer Christen rückt Maria, die Mutter Jesu. Für nicht-religiöse Leserinnen und Leser vielleicht völlig unbekannt, für evangelische zum Teil sehr befremdlich, begegnen wir darin der Bedeutung des Weiblichen, auch für den Glauben.

Die Weiblichkeit Gottes

In der kirchlichen katholischen Tradition repräsentiert und symbolisiert – psychologisch betrachtet – Maria sozusagen die »weibliche Seite Gottes« und wird als solche verehrt. Biblisch wird Gott, der Urgrund des Seins, des Lebens, der Liebe männlich *und* weiblich beschrieben. Überrascht Sie das? Im hebräischen Urtext steht an vielen Stellen, an denen in unseren Übersetzungen von der Allmacht Gottes, vom »allmächtigen Gott« die Rede ist, das hebräische Wort für die weibliche Brust, die Mutterbrust. Das bedeutet, dass der »allmächtige Gott« zu übersetzen wäre mit »vollbrüstiger Gott«, »Gott der Mutterbrüste«. Vielleicht erschreckt Sie ein solcher Gedanke, ist Ihnen zu erotisch, körperorientiert oder zu provozierend – er entspricht jedoch dem Sachverhalt, wie ihn gründliche Sprach- und Hintergrundforschung der Bibel ergeben.

Dasselbe gilt übrigens auch für das Wort »Erbarmen« in biblischen Texten, das oft im Gottesdienst verwendet wird und griechisch z.B. in der liturgischen Formel »Kyrie eleison« steckt und auch in vielen Gebeten und Liedern: Der Ursprung, die Wurzel dieses Wortes ist »Mutterschoß«!

So gibt es noch eine ganze Reihe weiterer Mosaiksteine für das Bild der Erkenntnis der »Weiblichkeit Gottes«[20], der wir ja im Mai durch die Geistkraft, hebräisch *ruach* – übrigens ein im Hebräischen grammatikalisch weibliches Wort! –, schon begegnet sind! Darum sehe ich in dem Fest des 15. August mit seiner Betonung der Weiblichkeit bei Gott einen Hinweis auf die alten, oft vergessenen Traditionen, dass Gott uns *Vater und Mutter zugleich* ist, dass er wie ein Vater sich »erbarmt«, uns »tröstet, wie eine Mutter tröstet«, wie eine Mutter »Tränen abwischt«, uns »unser tägliches Brot gibt« – was in alten Zeiten immer die Frauen backten! Viele Hinweise in beiden Teilen der Bibel zeigen uns Gott *auch* weiblich, mütterlich zugewandt. In manchen biblischen Schriften wird diese weibliche Seite »Gottes Weisheit« genannt. Auch Weisheit und Sofia sind (im Hebräischen, Griechischen und Lateinischen) weiblich. So wurde Gottes Weisheit als Sofia verehrt und in der altkirchlichen Tradition als Maria personifiziert. Wenn beim Verfasser des biblischen Johannes-Evangeliums und der Johannes-Briefe an vielen Stellen davon gesprochen wird, dass wir »von Gott« oder »aus Gott geboren werden«, dann lässt das keinen Raum mehr für den Zweifel an der Botschaft: Gott selbst wird hier als gebärende Frau verstanden, als unsere Mutter.[21]

Die Warmherzigkeit des Lebensursprungs feiern

Im Letzten und Tiefsten also ist Gott, als der Urgrund des Lebens, väterlich *und* mütterlich zu denken, zu verstehen und zu erfahren – auch in uns selbst als eigene männlich-väterliche und weiblich-mütterliche Anteile unserer eigenen Seelentiefe.

Impuls

In einem ersten Schritt sammeln Sie bitte einmal – allein oder mit anderen im vertrauten Zusammensein und im Gespräch – Einfälle zu dem Gedanken: »Gott ist für mich wie …« (die Sonne, die Luft, das Leben, Energie etc., oder ein Beschützer, Herrscher, Vater / Mutter, ein Hirte, eine Burg / Zuflucht oder ein Lehrer, Richter etc.). Gehen Sie auch im ersten und zweiten Teil der Bibel auf die Suche, besonders im Buch der Psalmen, dem »Liederbuch« der Bibel, entdecken Sie verschiedene Bilder, wie über Gott geredet wird: überwiegend in Naturbildern, abstrakt, symbolisch und unpersönlich, zum Teil aber auch personal und persönlich. Was bedeuten Ihre Entdeckungen für Sie?

Wenn Sie möchten, gehen Sie einen Schritt weiter: Schreiben Sie auf ein Blatt Papier die Eigenschaften, die in Ihren Augen kennzeichnend sind für »Gott«, für »Jesus«, für »Maria«, oder – anders ausgedrückt – für »das Höchste, das Sie denken, glauben und hoffen können«.

Anschließend überlegen Sie bitte, ob Sie diese Attribute / Zuschreibungen auch bei Menschen finden, die Ihnen viel bedeuten. Erinnert Sie etwas davon an Ihre (Groß-)Mutter, an Ihren (Groß-) Vater, einen Lehrer oder eine wichtige Person Ihrer Kindheit und Jugendzeit?

Danach ist es wichtig, die Parallelen zu sehen, aber auch die Unterschiede, denn »Gott ist für mich wie …« ist das eine, und er / die Gotteskraft ist auch immer noch *ganz anders* und viel mehr.

Von der gütigen, nährenden, bergenden und bewahrenden Seite Gottes, des Lebensgrundes ist – so verstanden – also symbolisch die Rede, wenn die katholischen Christen von einer »Aufnahme Marias in den Himmel, zu Gott« sprechen und das feiern und verehren. In einer tieferen, psychologischen Dimension geht es dabei um das Erkennen und Erfahren dieser Dimension Gottes: Dass er uns nicht nur männlich-väterlich-richterlich begegnet, sondern genauso weiblich-mütterlich-bergend, gnädig und warmherzig – vielleicht bemerken Sie ja den Anklang des Wortes »warmherzig« an »barmherzig«.

Infolgedessen wird bei jenem Marienfest am 15. August das helfende und heilende Element auch speziell betont: durch die mit dem Fest oft verbundene Kräutersegnung.

Eine Aufwertung des Weiblichen generell

Die Bedeutung des Festes muss meines Erachtens auch verstanden werden als eine Aufwertung für *alle* Frauen. Denn wenn dieser Tag in vielen Gegenden der »große Frauentag« genannt wird, so zeigt das auch dies: Ein solches Fest ist psycho-sozial notwendig geworden als Gegenpol, zum Ausgleich von so unglaublich verbreiteter demütigender Entwertung und Entwürdigung von Frauen in der Weltgeschichte der Kulturen, der Religionen von politischen und sozialen Systemen durch Jahrhunderte und Jahrtausende hindurch. Kann ein solches Fest dem entgegenwirken?

Jede Frau und jeder Mann trägt in sich *beide* Anteile, sogenannte »männliche« und sogenannte »weibliche« Anteile und Eigenschaften. Seit Jahrtausenden sind dies in der fernöstlichen Philosophie und tibetischen Psychologie unter den Begriffen Yin und Yang bekannte Worte für die beiden polaren Grundprinzipien des Lebens, in der Welt und in der Seele. Gemeinhin betonen und leben Menschen aber nur einen der beiden Pole, sie leben, fühlen und verhalten sich einseitig, eben nur *einem* dieser Prinzipien gemäß. Zum vollen, reiferen Menschsein und zur Entfaltung der Persönlichkeit gehört es aber, beide Seiten zu beachten und sie nicht zu ignorieren, abzuwerten, gering zu schätzen oder gar zu unterdrücken und zu bekämpfen, oder aber extra überzubewerten, zu betonen und zu verabsolutieren. Erst diese *Verbindung* beider Seiten macht uns zu wahren, vollständigen Persönlichkeiten. Denn sie brauchen einander – in der Seelentiefe wie zwischen den Menschen, in der Partnerschaft, in Teams, im Freundeskreis wie im öffentlichen Leben, auch im Glauben und in der religiösen Praxis. »Individuation« nennt die Tiefenpsychologie den Weg des Menschen hin zu seiner Vollständigkeit und Ganzheit. Dazu gehört auch die Integration von *Animus* und *Anima* (in der analytischen Psychologie die Fachworte für die beiden Seiten) genauso wie die unserer starken und schwachen Seiten, des in uns von uns selbst Geliebten und auch Ungeliebten, unseres »Schattens«.

Als Ebenbild Gottes steht so der aus beiden Polen bestehende Mensch dem ebenso aus beiden Polen bestehenden Gott gegenüber.

Impuls

Es geht darum, dies ins Leben umzusetzen, es nicht nur theologisch-theoretisch-rituell zu betrachten: Was könnte Sie fördern, Ihnen hilfreich und dienlich sein bei der Entwicklung und Wertschätzung des weiblichen und des männlichen Prinzips, in Ihnen selbst, gleichermaßen und ebenbürtig? In der Anerkennung der Gleichwertigkeit bei aller Verschiedenheit dieser beiden Pole – in uns selbst, wie auch in Beziehungen zwischen den Geschlechtern kann konkret werden, welche Wirkungen es hat, beides vertreten zu wissen, es zu würdigen und zu entfalten, und welche Früchte es bringt, »wie im Himmel so auch auf Erden«. Wie verändern sich auf diesem Hintergrund Ihre Gottesvorstellung und Ihr Umgang mit Partnerinnen und Partnern, Kolleginnen und Kollegen, Freundinnen und Freunden? Wie verändert sich Ihre Sicht auf sich selbst und die verschiedenen Anteile Ihrer Persönlichkeit? Woran merken Sie und andere schließlich, dass Sie das sogenannte männliche und weibliche Prinzip nun künftig *beide* ehren, stärken und leben? Wenn Sie es merken, innerlich im Gefühls-, Traum- und Seelenleben oder im Sozialverhalten, dann feiern Sie doch ein Fest – nicht nur im August.

Maria als Sinnbild und Symbol

Die Gestalt der Maria ist zu einem Sinnbild von Gottes dauerhafter, wohlwollend freundlicher Zuwendung, für die Gewissheit und Hoffnung seiner »weiblichen«, mütterlichen, bergenden und Geborgenheit schenkenden Gegenwart geworden. Zugleich können wir Maria auch als Sinnbild unserer eigenen Seele verstehen: Maria als Symbol für Empfänglichkeit, Offenheit und all unsere mütterlichen Qualitäten, die auf uns selbst, die geliebten Menschen um uns wirken und auf die belebte und unbelebte Natur und die ganze Schöpfung ausdehnbar sind. Das Bild Marias und ihr Gedenken in dieser Weise als Symbol sind uns in vielfältiger Hinsicht dienlich: als bildhafter Aspekt und Erinnerung eines wesentlichen, fördernd-stärkend-nährenden Teils unseres tiefen Innenlebens und unseres Selbst.

Impuls

Wie könnten Sie diese Grundkraft der Geborgenheit und Zuversicht für sich konkretisieren und beleben? Könnten Sie sowohl das Bewusstsein als auch die Praxis Ihrer eigenen wohlwollend-freundlich-unterstützenden und auch stärkenden Zuwendung zu sich *selbst* in irgendeiner Weise üben, vertiefen und verkörpern? Wenn Sie das tun: Wie nennen Sie diese wundervolle Fähigkeit der inneren Zuwendung und Stärkung? Wie geht es Ihnen mit der Vorstellung, dass Sie damit zugleich inneres »Ebenbild« sind für Gottes warmherzige Gegenwart und Zuwendung zu Ihnen? Braucht diese nährende, gütige Qualität des »Seinsgrundes« für Sie einen Namen? Wenn ja: Welches ist Ihrer, Ihr ganz eigener? Vielleicht nennen Sie ihn ja nicht Maria, sondern ganz anders. Entscheidend ist, dass Sie mit dieser Grundkraft in Verbindung treten.

Nicht zufällig werden traditionell übrigens – wie oben bereits kurz erwähnt – in Verbindung mit den Gottesdiensten am 15. August in katholischen Gegenden auch Heilkräuter gesegnet. Das verweist uns auf die heilende, stärkende Kraft der Natur und ihrer Gaben, auf die Bedeutung von Heilung auf allen Ebenen unseres Seins, für den Körper, für die Seele, für den Geist und für die Sinnfragen unseres Lebens. Damit begegnen wir im August auch dem Segen und den Kräften aus der Natur für uns und unser Leben – als Kraft der Geborgenheit und Zuversicht.

Missverständliche Begriffe

Wenn ich im Folgenden von »Mutter« oder auch »Vater« spreche, so verwende ich damit Wörter, die durch biografische Erfahrungen bei jedem Menschen unterschiedlich gefüllt sind, je nach Familienhintergrund eher positiv oder negativ, schmerzhaft oder beglückend, unterdrückend oder aufrichtend. Geschlechterstereotypen sind im Grunde immer fraglich, schematisierend und falsch. In den letzten Jahrzehnten gab es einen solch gewaltigen Wandel im Rollenverständnis von Männern und Frauen, in den Erwartungen an das, wie »Mann« und »Frau« zu sein haben. Da hat sich im Vergleich zu den Jahrhunderten vorher vieles verändert – oder auch nicht. Manchmal bleibt es bei Willenserklärungen, bei rationalen Erkenntnissen, emanzipatorischen Ansätzen – und im Seelengrund zeigen sich archaische Grundbilder, in der Traumwelt oder in den partnerschaftlichen Wünschen und Sehnsüchten dem jeweils anderen gegenüber.

Vielleicht wäre es also besser, jeweils nur von den Qualitäten und Eigenschaften zu sprechen, die man meint, wenn man von »väterlichem« oder »mütterlichem« Verhalten spricht. Oder wir könnten die fernöstliche Redeweise von Yin und Yang benutzen, die bei uns nicht so sehr überfrachtet ist wie die Erfahrungssymbole unserer eigenen Sprache. Aber nachdem wir uns die sprachliche Schwierigkeit, vielleicht sogar Unmöglichkeit, klargemacht haben und weil wir uns ja auf irgendeine Sprachregelung einigen müssen, verwende ich dennoch die Begriffe »Mutter« und »Vater«, wohl wissend, welch unterschiedliche Reaktionen diese auslösen können.

Ein Jugendlicher antwortete auf die Aussage, dass Gott zu uns »wie ein Vater« sei: »Ohje, bloß nicht! Bloß nicht wie mein Vater …« – der war ein gewalttätiger Alkoholiker. Also besser von »Mutter« sprechen, von der Mutter im Himmel? Aber das kann genauso schiefgehen, wie ich oftmals in Therapien oder in Seminaren erfahre. Wer es in seiner Kindheit mit einer dominanten, überbehütenden, kalten oder auch unsicheren, depressiven oder rivalisierenden Mutter zu tun hatte, verbindet demgemäß mit dem Wort »Mutter« negative Emotionen. Und in manchen Familien war der Vater eher der Mütterliche und die Mutter eher so, wie oft die Väter beschrieben werden.

Das alles soll deutlich machen, dass ich nicht etwa Geschlechterstereotypen, Rollenklischees und festgefügte Rollenbilder meine, wenn ich hier nun von Qualitäten, inneren Räumen, positiven Stimmen oder innerer »Mütterlich- oder Väterlichkeit« spreche.

Die »innere Mutter«

Wenn katholische Christen in Maria die »Mutter Gottes« sehen, sie als »Mutter Maria« verehren, so lässt sich darin psychologisch noch eine ganz andere Ebene erkennen: Ich kann das therapeutisch und seelsorgerlich verstehen, als eine Beschäftigung mit einer Tiefenschicht der Seele, wo – tiefenpsychologisch betrachtet – ein heilender »Archetypus«, eine heilsame Seelenstruktur aktiviert werden kann. Die Verbindung mit einer bergenden, gütigen, stärkenden inneren Seelenstruktur herzustellen und zu verlebendigen, ist ein wichtiger Schritt für die innere Entwicklung, Erstarkung und Selbstwerdung jedes Menschen.

In einem alten Lied des ersten Jahrtausends vor Christus heißt es: »Du erquickst meine Seele, mein Leben« (Psalm 23,3). Dies wurde dort über Gott gesagt und führt uns zu der Frage: Welches Bild trage ich in mir von dieser Quelle, der Ur-Quelle, von der letztlich alles kommt? Ist es für mich Erquickung? Manchen Menschen ist das Religiöse anders nahegebracht worden, nicht als Erquickung und Erfrischung, eher als zu hohe, große Erwartung an mich, als strenge Forderung. Deshalb fragt es sich: Welche Instanzen habe ich *in mir* drinnen? Gibt es da vielleicht eher eine Instanz, die überwiegend fordert, mich gnadenlos antreibt oder etwas von mir will, mich mit Idealen bedrängt? Oder habe ich eine Instanz in mir, die mein Leben belebt, erfrischt, erquickt? Eine Größe, eine Stimme, die mein Leben stärkt, nährt und aufbaut? In jenem alten Lied ist von einem fürsorglichen »Hirten« die Rede, der seine Schafe »auf saftig-grüne, genussreiche Weiden führt und zu frischem, sprudelndem, lebendigem Wasser«, alles Bilder von Frische, Lebendigkeit und Lebensfreude (Psalm 23, 2–3, frei übersetzt). Aufatmen, frei sein, Luft bekommen.

Es geht darum, dass ich Zugang finde zu einer Stimme, einer Kraft, die in mir wirksam wird, ist und bleibt, einer fürsorglichen Kraft, die mich erquickt, stärkt, ermutigt und aufbaut. Wie ein wohlwollendes Versorgen und Verstehen, nicht einengend, bedrängend oder überbehütend: Es ist eine Kraft gemeint, die uns nährt, eine bergend-stärkende – traditionell ausgedrückt – »mütterliche« Kraft. Diese Stimme brauchen wir, diese Instanz im Inneren, die uns auch einmal erlaubt: »Setz dich doch ein wenig hin!« »Lass gut sein!« »Ruh dich aus!« »Mach es dir doch nicht so schwer!«

Können Sie eine solche Stimme in Ihrem Inneren hören? Diese Stimme, die unserem Leben aufhilft, uns erleichtert, wo wir innerlich eine wohltuende Fürsorge spüren und erleben: »Tu deinen Rucksack herunter und lege deine Lasten ab.« Ob wir diese Qualität nun mütterlich oder väterlich nennen, ist nicht so wichtig – in der Tradition der Symbole wird sie eher als mütterliche Qualität benannt, die sich in der beschriebenen Weise nährend, umsichtig, achtsam und fürsorglich um uns müht und kümmert. Die uns innerlich auffängt, empfängt und liebevoll umsorgt – sozusagen wie eine »innere Mutter«.

Es ist fatal, dass die Menschen, die uns aufgezogen haben, Eltern, Großeltern, Tanten oder sonstige Verantwortliche, uns nicht immer in der notwendigen Weise diese Stimme, diese Kraft näherbringen konnten. Vielleicht *konnten* sie uns dies auch gar nicht zeigen: Einerseits, weil diese Erziehungspersonen es selbst nie genügend erlebt haben, es also auch nicht in sich entwickeln und entsprechend weitergeben konnten. Andererseits, weil die äußeren Verhältnisse so sehr vom Überlebenskampf und Existenzkampf dominiert wurden, dass für solches Behüten, die nötige Liebe, Zärtlichkeit und Fürsorglichkeit, das notwendige Verstehen und Auf-uns-Eingehen nicht genügend Raum, Zeit und Möglichkeit blieb. Sie *konnten* nicht, weil sie selbst mit jenem Mangel aufgewachsen sind, weil sie selbst dieses Defizit erlitten hatten und es ihnen keiner gefüllt hat, weil Kriegsangst und die

Wiederaufbauzeit der Nachkriegsjahre, dann die Arbeit wie auch die Verlockung des Wirtschaftswunders alle Anstrengung nach außen gehen ließ, in den Aufbau, auf den Altar des Wohlstandes, statt in die Zuwendung zu den Kinderseelen.

So geht es letztlich um den Aufbau einer *inneren Instanz*, die dieses mit uns und für uns tut: uns stillt, nährt, streichelt, uns aufhebt, wenn wir gefallen sind, uns tröstet, wenn wir traurig sind, die Tränen abwischt und uns wieder Mut macht, uns Vertrauen einflößt, Zutrauen und Selbstvertrauen vermittelt und das Vertrauen in die Welt stärkt, dass es schon immer wieder weitergehen wird. Gemeint ist eine Quelle, eine Instanz, eine Kraft in uns, die uns fördert, die uns stützt und unterstützt, bei der Hand nimmt, führt und begleitet, bis wir selbst stehen können, gehen können und unsere eigenen Wege betreten können.

Wenn wir mit »innerer Mutter« dieses uns wohlwollend zugewandte, aufhelfende, unterstützende und auch tragende Element meinen, so merken Sie nun sicher, dass es seelen-lebens-not-wendig ist, dass wir diese Qualität *in uns* entdecken, fördern und stärken. Dass wir Zugang bekommen zu einer »inneren Mutter«, die vielleicht ganz anders ist, als es die äußere war und sein konnte.

Impuls

Wenn Sie hinter sich schauen, zurück auf Ihr Leben: Wie war das mit Ihrer »Mutter«? Unsere Erfahrungen sind da oft durchmischt. Sie konnte womöglich nicht so ideal sein, wie Sie es gebraucht hätten. Und es ist sehr wohl nötig, dass wir dieses Fehlen sehr lange beklagen und betrauern und dabei feststellen: Da habe ich vieles nicht bekommen. Nachdem ich dieses genügend betrauert habe, ist es allerdings wichtig, einen Schritt weiterzugehen und dahin zu gelangen, diese innere Mutter, die ich äußerlich *so ideal* nie haben konnte, *in* mir *drinnen* zu entdecken und zu entwickeln: diese Gabe der Mütterlichkeit – ich zu mir selbst. Ich kann zu mir selbst mütterlich sein, freundlich, wohlwollend, ich kann zu mir selbst fürsorglich, achtsam und rücksichtsvoll sein.

Man spricht in diesen Jahren in manchen psychologischen und psychotherapeutischen Schulen sehr viel vom sogenannten »inneren Kind«. Auch ich habe mich viel damit beschäftigt und dabei entdeckt: Ich glaube, vorrangig wäre eigentlich zunächst die Beschäftigung mit der »inneren Mutter«, dass ich mit mir selbst mütterlich umzugehen lerne. Denn wie soll sich mein »inneres Kind« aus seinem Versteck und Verlies herauswagen, wie sich zeigen, wenn es nicht sicher sein kann: Da ist ein freundliches Willkommen, da ist ein Empfang und dieses verängstigte und schüchterne »innere Kind« wird jetzt versorgt, umhegt, geschützt und gestärkt.

Eine stärkende, aufbauende und mutmachende Stimme

Im Grunde brauchen wir also zunächst die Qualität dessen, was ich die »innere Mutter« nenne, die innere Mütterlichkeit, nämlich, dass *ich selbst* lerne, mich zu erquicken, mich zu trösten, mir wieder Mut zu machen, mir wieder aufzuhelfen, zu mir selbst zu sagen: »Wie schön, dass du da bist« oder »Es ist schön, dass es dich gibt«.

Ob Sie es von der historischen Mutter, dem biologischen Vater oder anderen Figuren Ihrer Biografie damals tatsächlich gehört haben, ist an *dieser* Stelle nicht mehr so wichtig, da Sie jetzt anfangen könnten, dies *in* sich *zu sich selbst* zu sagen. Das macht Sie stark und unabhängig! Und es wäre auch die Konkretion dessen, was Religionen meinen, wenn sie davon sprechen, dass Gott *in uns hineinkommt* und in uns wirksam wird. Damit ist genau diese Kraft gemeint, von der wir hier gerade sprechen. Doch dieses zu glauben und als Sätze zu sprechen, macht es noch nicht wirk-lich und noch nicht wirk-sam. Dann hat man zwar ein Dogma und sagt »Ja, Gott wohnt in uns«, aber damit es erfahrbare Wirklichkeit wird, dazu muss es sozusagen eingeübt werden: dass wir Zugang suchen und Zugang finden zu dieser Stimme, zu dieser inneren Qualität, zu dieser Mutter.

Impuls

Überlegen Sie in aller Stille: Was wünsche ich mir, dass diese Stimme in mir zu mir sagt? Ist es »Nimm dir doch nicht so viel vor«, »Leg dich ein wenig hin«, »Lass dir Zeit«, »Fahr nicht zu schnell«? Oder eher: »Nimm dir genug Zeit für dich«, »Es ist so schön, dass es dich gibt«, »Mach es dir doch nicht so schwer«, »Ist schon gut!«, »Pass gut auf dich auf!«? Oder was heißt es für *Sie*? Was wünschen Sie sich, dass diese Stimme in Ihnen sagt, wie sie Sie zu Ihrer Entwicklung oder Entlastung hinführt, wie sie Sie zu Ihrer Entfaltung bringt, Ihnen zu Ihrer Entfaltung verhilft – diese innere Mutter? Ergründen Sie einfach ab und zu für sich, welchen Zuspruch, welche Ermutigung Sie brauchen, immer wieder neu. Versuchen Sie, so tief wie möglich in sich hineinzuhorchen, ob Sie es irgendwo in sich vernehmen können oder ob Sie es zumindest jetzt neu üben können, es sich mit allen Sinnen vorzustellen, es zu sich selbst zu sagen, hier und heute. Denn dann wissen Sie: Jetzt habe ich es getan und nun habe ich es in mir selbst erlebt. Ich brauche das! Sonst, wenn es mir nicht von innen gesagt wird, haben die anderen Stimmen große Chancen und große Macht: die Erwartungen von außen, die Forderungen, der Termindruck, die Sachzwänge und all die anderen äußeren Stimmen. Suchen Sie dieses innere Gegengewicht. So lauschen Sie doch jetzt weiter in sich hinein und formulieren Sie in Sätze, was Sie sich wünschen, innerlich, dass Ihre »innere Mutter« zu Ihnen sagt.

Zuspruch
Trösten, ohne zu verhätscheln,
ermutigen, ohne zu zwingen,
ermuntern und auffordern, ohne zu vergewaltigen,
helfen, ohne zu bevormunden,
fordern im Sinne von fördern,
fordern, ohne zu überfordern,

behüten, aber nicht überbehüten,
fürsorglich sein, aber nicht erdrücken,
umsorgen, aber nicht unselbstständig machen,
Fürsprache einlegen, ohne zu entmündigen,
empfangen und willkommen heißen, aber nicht festhalten,
annehmen, aufnehmen – und wieder loslassen.

Übrigens: Je mehr Sie lernen und üben, diese »innere Mütterlichkeit« ebenso wie auch eine »innere Väterlichkeit« in sich zu entdecken, zu entfalten und zu praktizieren, desto freier werden Sie von Ihren äußeren Vätern und Müttern. So werden Sie auch befreiter von Ihren eigenen Ansprüchen und Erwartungen und Forderungen an sie – denen die ja vielleicht ohnehin nicht gerecht wurden oder gerecht werden können! Sie werden dafür *frei für sich* und werden erleben, dass Sie selbst mehr und mehr erfüllt werden von einer positiven Mütterlich- und Väterlichkeit anderen gegenüber. So wird ihr Leben rund!

So könnte durch diese sicher immer neu zu wiederholende Übung, durch die Suche nach diesem Zugang, dieser Quelle, dieser Qualität in uns, nach dem mütterlichen Raum in mir, dieser wohltuenden, stärkenden Stimme die »Grundkraft Geborgenheit und Zuversicht« innerlich wachsen, in Ihnen immer größer werden und zunehmend erstarken.

AFFIRMATIONEN

- Meine Gottesvorstellung, mein Verstehen der Quelle und Urkraft des Lebens, weitet, entwickelt und wandelt sich.
- Ich entdecke, entwickle und entfalte innerlich in mir zunehmend die Qualität der Barmherzigkeit, Güte und eines unbedingten Wohlwollens mit mir selbst.
- Ich lerne, mich innerlich zu nähren, zu stärken, zu trösten und aufzubauen, wie es eine gute Mutter tut.

- Ich erkenne jetzt die Gleichwertigkeit und Ebenbürtigkeit des männlichen und weiblichen Prinzips in der Welt und in meiner Seele mit Wertschätzung an.
- In Anerkennung der Gleichwertigkeit bei aller Verschiedenheit dieser beiden Pole gestalte ich auch meine Beziehungen zu anderen neu.
- Ich werde in meinem Umgang mit Partnerinnen und Partnern, Kolleginnen und Kollegen, Freundinnen und Freunden immer weiser, reifer, gütiger und barmherziger.
- Meditierend bewege ich die Sätze: Ich ruhe mich jetzt in Gottes Liebe aus … Ich ruhe mich jetzt in Gottes Güte aus … Ich ruhe mich jetzt in Gottes »Barm- Warmherzigkeit« aus … Ich ruhe mich jetzt in Gottes Frieden aus …
- In mir wachsen Vertrauen und Zuversicht, Hoffnung und Geborgenheit.

SEPTEMBER

Das himmlische Team (Michaelis, 29. September)

Grundkraft Verbundenheit mit den guten Mächten und Kräften

September, Herbstanfang, in dieser wechselvollen Zeit finden sich verschiedene Feste, die unsere Verbundenheiten in den Blick nehmen, z.B. der 29. September, ein spezieller Engelgedenktag, als Hinweis auf unsere Verbundenheit mit »den guten Mächten«.

Wenn wir einen Voraus-Blick auf die Feste der beiden folgenden Monate wagen, wird deutlich, dass sich das Thema »Verbundenheit« bis in den November hinein durchzieht und weiter thematisiert wird. Anfang Oktober feiern wir mit dem Erntedankfest unsere »Verbundenheit« mit der Schöpfung und gedenken in Dankbarkeit der guten Gaben des Lebens. Am 31. Oktober geht es für evangelische Christen um die »kritische Verbundenheit« mit unseren Glaubenstraditionen, auch um Auseinandersetzung und Protest. Am 1. und 2. November geht es besonders für Christen der katholischen Kirche um ihre »Verbundenheit« mit den sogenannten Heiligen, mit Menschen, die vor uns den Weg des Glaubens gegangen und schon gestorben sind. Auch um die Verbundenheit mit unseren geliebten Verstorbenen, an die auch weithin – besonders bei den evangelischen Christen – am letzten Sonntag des Kirchenjahres, Ende November gedacht wird. All diese Feste wollen uns bewusst machen: Wir sind nicht allein auf der Welt, sondern wir sind umgeben von guten Kräften, von unseren Lieben, mit denen wir die Verbindung pflegen in liebendem und verehrendem Gedenken, auch von unseren Ahnen, von der guten Kraft der lebenden und nährenden Schöpfung, von himmlischen Helfern und »guten Mächten«.

Die guten Kräfte

In einem Fernsehinterview wurde einmal ein Prominenter, dessen Frau an Brustkrebs erkrankt war, gefragt, wie das Leben für ihn denn seit der Diagnose sei. Ratlos und aufgeregt sagte er: »Ich komme damit ganz schwer bis gar nicht zurecht, denn seither sitzt bei uns zu Hause immer der Tod mit am Tisch.« Ich sah diese Sendung nach einer eigenen schweren Erkrankung und nickte ergriffen und verstört: Ja, genau so ist das! Nach etlichen Tagen vertraute ich mich einem Freund an und erzählte ihm davon. Zu meinem Erstaunen entgegnete er fröhlich und freundlich: »Klar, Hans Gerhard, so ist das immer. Aber da sitzen doch auch all die *positiven* Kräfte und die guten Mächte …!«

Impuls

Schließen Sie die Augen und versuchen Sie sich einmal Folgendes vorzustellen: In Ihrem Inneren ist ein großer runder Tisch. An diesem Tisch sitzen alle Teile und Aspekte, Gefühle und Innenkräfte Ihres Lebens (erinnern Sie sich an den Februar, wo wir von den verschiedenen Rollen und Masken sprachen?). Das alles sind Sie.

An diesem Tisch sitzen auch all die guten Kräfte des Lebens, die Mutmacher und Tröster, die Impulsgeber und Aufrichter, die heilenden und freudeschaffenden Kräfte.

Wenn wir realistisch sind, gehören dazu auch die anderen, die dunklen Kräfte: Krankheiten, Beschwerden, auch der Tod.
Und nun versuchen Sie bitte, mit allen in ein inneres Gespräch zu kommen. Vielleicht wird es möglich, daraus ein *Ritual* zu machen, eine Sitzung Ihrer inneren Fülle von Stimmen und Kräften: *Sie* selbst haben den Vorsitz und steuern und bestimmen das Gespräch, hören zu und pflegen den Kontakt mit allen Anteilen und Aspekten, die da in Ihnen sind und zu Ihnen gehören – und das immer wieder!

»Von guten Mächten wunderbar geborgen«

Im christlichen Festjahr begegnen uns – wie auch in biblischen Traditionen – immer wieder an entscheidenden Situationen gute Helfer und Kräfte, die sogenannten »guten Mächte«, wie Dietrich Bonhoeffer sie in dem berühmten Lied »Von guten Mächten wunderbar geborgen, erwarten wir getrost, was kommen mag« nennt. In besonderer Tiefe und für viele sehr überraschend und berührend hat er darin Gefühle und Erfahrungen der Getrostheit und Geborgenheit ausgedrückt, während er selbst sich in einer bedrohlichen und gefährlichen Lage befand. Er war einer jener mutigen und tatkräftigen Widerständler der Nazizeit, und seine Auflehnung gegen die Lehren und Taten des sogenannten »Dritten Reiches« brachte ihn ins Gefängnis, in lange, schwere und belastende Einzelhaft. Dort schrie seine Seele oft nach Farben, Musik, Wärme und menschlicher Nähe – erinnern Sie sich an sein Gedicht »Wer bin ich?«, das wir im Februar bedachten? Trotz all dieser Not entstand in ihm ein Vertrauensgedicht, das – inzwischen weltberühmt – ursprünglich Teil eines Briefes zur Weihnacht/Jahreswende 1944 an seine Eltern, seine Familie und seine Verlobte, Maria von Wedemeyer, war. In und trotz seiner schweren Lage konnte er schreiben:

Von guten Mächten treu und still umgeben
behütet und getröstet wunderbar, –
so will ich diesen Tag mit euch leben
und mit euch gehen in ein neues Jahr;

noch will das alte unsre Herzen quälen
noch drückt uns böser Tage schwere Last,
Ach Herr, gib unsern aufgeschreckten Seelen
das Heil, für das du uns geschaffen hast […]

Wenn sich die Stille nun tief um uns breitet,
so lass uns hören jenen vollen Klang
der Welt, die unsichtbar sich um uns weitet,
all deiner Kinder hohen Lobgesang.

Von guten Mächten wunderbar geborgen
erwarten wir getrost, was kommen mag.
Gott ist bei uns am Abend und am Morgen,
und ganz gewiss an jedem neuen Tag.
DIETRICH BONHOEFFER

»Gute Mächte« als Boten: der Klärung, Beratung, der Freude oder Warnung …

In den Bibelübersetzungen werden sie »Engel« genannt, die »guten Mächte« der »Welt, die unsichtbar sich um uns weitet«. Aber eigentlich bedeutet das Wort »Engel« schlicht und einfach »Bote, Botin«, oder wir könnten versachlichend von einer »Botschaft« sprechen, die in besonderen Situationen überbracht wird: Da kam – wir haben das schon im Monat März betrachtet – an einem Tag, den die Tradition dann »Mariä Verkündigung« nannte und auf den 25. März datiert, ein Bote zu Maria und spricht mit ihr über die entstehende Schwangerschaft und vor allem über deren Sinn. Als damit auch ein Konflikt mit ihrem Verlobten oder Fast-Ehemann Josef entsteht, hat der ebenfalls eine Begegnung, und zwar eine Innenbegegnung in der Nacht (Matthäus-Evangelium 1,18–25): Er träumt von einem Boten (»Engel«), der ihn ermutigt, der ihn stärkt und der ihn in die Lage versetzt, treu zu seiner Maria zu stehen, unabhängig von der Frage nach Anstand und Sitte, unabhängig von dem inneren Konflikt, ob das Kind denn nun wirklich von ihm stamme oder nicht. Er steht zu seiner Liebe, er entscheidet sich für diese Beziehung. Durch die Begegnung mit einem »Boten« im Traum erlangt er die dafür nötige Stabilität und Festigkeit.

In den Weihnachtsgeschichten sind sie wieder da, die »Engel«, die ja eigentlich Boten sind, Boten der Freude: »Siehe, ich verkündige euch große Freude« bekommen die Hirten auf den Weiden verkündet. Josef und auch die »Weisen«, die gelehrten Magier aus dem Osten, bekommen im Traum eine Botschaft von einem »Engel«/ Boten, die der Warnung dient, die einen anderen Weg weist, als sie ihn geplant hatten (Matthäus-Evangelium 2,12.13.19.22). Diese Botschaften sind Orientierung, Wegweisung und Warnimpulse aus dem Inneren, aus der Traumwelt, sozusagen Botschaften aus der »anderen Welt«. Wir würden heute vielleicht sagen, dass diese Boten die Funktion des »Schutzengels« für das neugeborene kleine Jesuskind übernommen haben.

… der Stärkung und Ermutigung, der Wegweisung und Orientierung

Als der Weg Jesu zu Ende geht, erscheint ihm ein Bote in seinem großen Kampf im Garten Getsemani, wo er »mit dem Tode ringt«, wo er seine Verzweiflung und die Bitte ums Leben ebenso in Worte fasst wie auch die Einwilligung, dass Gott ihn einen anderen Weg führt. »Vater, wenn es möglich ist, lass diesen Kelch an mir vorübergehen. Aber … Dein Wille geschehe!« Im Lukas-Evangelium – verfasst von einem Arzt – erscheint in genau dieser

Situation ein kleiner Satz, der uns mitteilt (Lukas-Evangelium 22,43–44): »Und ein Engel/Bote kam und stärkte ihn« – in seiner großen Krise.

Auch am Ostermorgen sind sie wieder da, die Engel-Boten, als die Frauen traurig und verzweifelt, aber in liebender Treue zum Grab kommen und Jesus die letzte Ehre zukommen lassen wollen, indem sie ihn salben. Da ist von »Männern in weißen Kleidern« die Rede, von Engeln, die sie aufrichten, ermutigen, stärken und trösten, indem sie zu ihnen sagen: »Er ist nicht hier, er ist auferstanden«, das heißt »er lebt«. Nicht der Tod hat gesiegt, sondern das Leben! Und als Jesus von seinen Freundinnen und Freunden Abschied nimmt – wir nennen das traditionell Himmelfahrt – und plötzlich verschwunden ist, stehen da ebenfalls weiß gekleidete Männer, die als Boten des Himmels zu ihnen sagen: Geht nun, wartet, macht euch bereit, ihr werdet erfüllt mit der verheißenen »Kraft aus der Höhe«, mit dem Heilung und Leben schaffenden »Heiligen Geist« – diese Urkraft des Lebens haben wir bereits an Pfingsten betrachtet beim Monat Mai.

Engelsbegegnungen heute

Es sind unterschiedliche Aspekte des Lebens, wesentliche Qualitäten, die mit dem Wort »Bote«/Engel bezeichnet werden, die ins Leben und ins Bewusstsein der beteiligten Menschen getreten sind: Situationsklärung und Sinnstiftung, Ermutigung, Freude, aber auch Warnung, Weg-Weisung, die Qualität von Schutz und Stärkung, die Aufforderung zu Neuanfang und Loslassen des Alten, Neuorientierung und Lebensberatung überhaupt. Im Sinne der Gesamtlebenswahrheit ist es wichtig, wenn wir das »Wie« offenlassen: Wie diese Boten/Botschaften, diese Engel, erschienen und den Menschen begegnet sind, auf welche Weise diese Qualitäten und Mächte wirksam wurden, bleibt offen. Wir können sie menschlich erfahren, in Begegnungen oder in einem

Stück Musik, Literatur, als Idee und Gedanke von innen, als Inspiration aus der Tiefe, aus der Höhe, ganz irdisch, real und menschlich oder als große, überwältigende, unfassbare Gefühle, Zustände oder Erfahrungen. Jeder, der von solch eindrücklichen, bewegenden und ungewöhnlichen Außen- wie auch Innenerfahrungen berichtet, wird dies auf seine je unterschiedliche Art tun.

Doch »die guten Mächte«, die Boten, können uns auch völlig anders begegnen; selbst in der Qualität des Dunklen und Schweren kann diese Dimension als hilfreich, erneuernd und transformierend aufscheinen. Durch eine Krankheit, einen Schwächezustand, eine erschütternde Leiderfahrung können wir wieder zur Besinnung, zum Leben, zu uns selbst kommen. So kann ein Zusammenbruch zu einer Botschaft des Lebens über die eigene Begrenztheit, über die Bedeutung der Liebe und das, was im Leben wirklich zählt, werden. Ein Freund hat mir erzählt, wie ihn ein solcher Zusammenbruch aufgerüttelt hat, aufgeweckt aus dem Trott seiner Selbstbezogenheit und Egozentrik, Erfolgsorientierung und Leistungsthematik, und ihn wach gemacht hat für beständige Werte und ein erweitertes, tieferes Bewusstsein. Er sagte später: »Dieser Zusammenbruch war für mich wie eine Engelsbegegnung, eine wahre Engelsbotschaft, die mich zur Besinnung brachte, meine Partnerschaft in neues Licht rückte und meine Perspektiven total veränderte.« So können selbst dunkle Stunden zu Boten des Lichtes und des Lebens werden! Leiderfahrungen, die uns zum Segen werden – »in Gegensätzen bin ich ganz« – auch das sind Engelerfahrungen.

Oder aber die gewaltige Traumerfahrung jener älteren Frau, die in lang andauernder, nicht enden wollender Depression – trotz Therapie – schließlich konkret und tatkräftig ihren Suizid plante und vorbereitete. In der Nacht vor dem Vollzug dieser Tat träumte sie: Sie sah plötzlich – wie eine Erscheinung – eine riesige strahlende Lichtgestalt im Garten ihres Hauses stehen. Sie war einfach da, überwältigend! – und hat alles verändert: Am folgenden Tag begann sie wieder Boden unter den Füßen zu spüren, neue Kraft, die sie erfüllte und trug und zu neuen Schritten ermächtigte. Wende, Wandlung, Stärkung aus der »anderen« Welt. Spürsam und empfänglich werden für jene innere Welt, für die Träume, ihre Kraft und Symbole, für Träume auch als eine oft »vergessene Sprache Gottes«.

Sogar Tiere können im Sinne der oben genannten »Qualitäten« Engelsdienste tun durch Schutz und Warnung, Ermutigung und Freude und den Ruf zu neuer Lebensorientierung – weg von der inneren »Gruft«, von Trauer, Tod, Zerschlagenheit und Verzweiflung. Es gibt unendlich viele Geschichten und Erfahrungen, in denen Tiere zu jemandes Stärkung und Gesundung beitragen oder gar richtiggehend zu »Schutzengeln« für Menschen in Gefahren und Notsituationen wurden. Haben Sie davon schon gehört? Kennen Sie so etwas auch? Die Fülle der Erscheinungsformen des Helfenden, der menschlichen und göttlichen »guten Kräfte« in uns und um uns her ist unfassbar.[22]

»Ganz himmlisch und auch ganz irdisch«

Als ich vor Jahren Eberhard Bethke, den wohl vertrautesten Freund Dietrich Bonhoeffers, kennenlernte, fragte ich ihn in einem Gespräch: »Wen hat er denn eigentlich gemeint in diesem berühmten Gedicht und späteren Lied mit den ›guten Mächten‹, von denen wir umgeben, von denen wir geborgen sind?« Und Eberhard Bethke, ein Mann, der noch etwas größer war als ich, beugte sich zu mir herunter, lächelte mich an und sagte freundlich, nachdenklich und langsam mit seiner dunklen, wohlklingenden, sonoren Stimme: »Damit meinte er zunächst seine geliebte Maria, seine Verlobte, und natürlich seine Eltern – und seine Freunde!« »Ach«, sagte ich und die Tränen schossen mir in die Augen, »dann hat er das wohl *auch ganz irdisch* gemeint?« »Ja, *auch* ganz irdisch!«

Wo bin ich in meinem Leben schon einmal »Engeln« begegnet?

Impuls

Bei einigen meiner Seminare haben wir uns in kleinen Gruppen mit der Frage beschäftigt: Wo bin ich in meinem Leben »Engeln« begegnet? Und zwar im Ursinn des Wortes Engel: »Bote/Botschaft«, als Bote der Freude, der Stärkung, der Ermutigung, der Weisung und Erkenntnis, der Warnung oder der Bewahrung. Wo habe ich so etwas erlebt?

Ich erinnere mich genau, welch wohlige Atmosphäre im Raum entsteht, welches fast spürbare feine Vertrauensgefühl sich im Raum ausbreitet, welch angenehme Schwingung sich einstellt, wenn Menschen dieser positiven Suchspur folgen. Genauso erinnere ich mich auch an den Kontrast, als wir uns mit den eigenen Leiderfahrungen beschäftigt haben, den Kränkungsgeschichten des eigenen Lebens, und dann danach gefragt haben: Wo und wie gab es *Hilfe?* Was hat mich damals herausgeführt? Wie wurde ich gestärkt? Was hat mir geholfen wieder aufzuatmen, Kraft zu schöpfen und neu zu werden? Und schlagartig veränderte sich die Atmosphäre im Raum.

Wollen Sie es auch einmal versuchen? Wenn Sie sich mit der Spürnase der Dankbarkeit auf den Weg machen, der Suchspur folgend, nach *Engelsspuren in Ihrem eigenen Leben*, nach Grund zur Freude, Grund zum Lob, Anlass zum Dank – spüren Sie genau hin, was diese Fragestellung allein schon in Ihnen bewirkt. Wie sich Ihre Stimmung verändert, vielleicht sogar Ihre Körperhaltung, Ihr Gesichts- und Augenausdruck. Vielleicht verändert es Ihren ganzen Abend und das gesamte Wochenende. Bitte glauben Sie es mir nicht einfach, probieren Sie es aus!

Uwe Seidel formulierte die Begegnung mit Engeln/Boten als Konkretion, als Hinwendung zum ganz Normalen, einfach Menschlichen, einmal sehr alltagsnah in einem Gedicht:

Engeltage
Manchmal wünsche ich,
ein Engel käme
und nähme mich in die Arme,
wenn alle anderen,
mir die kalte Schulter zeigen.

Manchmal wünsche ich,
ein gutes Wort
dringt an mein Ohr,
wenn die schlimmen Nachrichten
meine Seele lähmen.

Manchmal wünsche ich
einen freundlichen Blick,
der mir begegnet,
wenn Blicke mich schneiden
und wir aneinander erstarren.

Manchmal wünsche ich mir
einen Engel,
der mich an die Hand nimmt
und mit einem Händedruck
mich spüren lässt:
Ich bin mit dir
und für dich.
UWE SEIDEL

Es kann unser Leben verändern, wenn wir anfangen, konkret mit ihnen zu rechnen, mit himmlischen Helfern, mit Gottes Boten, das heißt Boten des Lebens, des Lichts und der Kraft in unser Schweres und unsere Dunkelheiten hinein. Vor gut 200 Jahren war er noch sehr bekannt: der Engelgedenktag, das Fest Michaelis am 29. September! Johann Sebastian Bach hat eine eigene Kantate für den »Michaelistag« komponiert. Er ist als der Gedenktag an den Erzengel Michael sozusagen ein »prototypischer« Tag, der unseren Blick öffnet und unser Bewusstsein dafür weitet, dass wir nicht alleine in der Welt sind, dass wir umgeben sind von helfenden, stärkenden, inspirierenden oder warnenden »guten Mächten« – ganz irdisch wie auch ganz himmlisch. Auf die wir vertrauen können durch die Grundkraft »Vertrauen in die guten Mächte und Kräfte«.

Hier nun noch zwei Impulse zur ritualisierenden Verankerung dieser Erkenntnisse des Septembers mit dem »Engelgedenktag Michaelis« im Alltag:

Impuls

Besorgen Sie sich eine Aufnahme der Bachkantate Nr. 19 zum Michaels-/Engelgedenktag und hören Sie sich diese jedes Jahr am 29. September (Michaelis) einmal an oder in jenen Tagen auch öfter, besonders die Arie mit der Bitte: »Bleibt, ihr Engel, bleibt bei mir!«, und den Schlusschoral: »Lass dein' Engel mit mir fahren«.

Lernen Sie doch wieder einmal etwas auswendig: Dietrich Bonhoeffers oben zitiertes Gedicht »Von guten Mächten wunderbar geborgen« (S. 125) bringt seit seiner Entstehung unendlich vielen Menschen immer wieder Trost und Zuversicht, Kraft und neues Vertrauen in schwere Lebenssituationen hinein.

Und noch besser: Wenn Sie können, *singen* Sie dieses Lied immer wieder – in guten und in schlechten Zeiten! Entweder mit eigener Musikbegleitung oder ohne Musik, nur für sich selbst unter der Dusche oder in der Badewanne. Oder besorgen Sie sich eine Aufnahme dieses Liedes (auf CD oder z. B. im Internet), lassen sie laufen und singen dazu, begleitet von den anderen Singenden. Es wird Ihrer Seele wohltun, besonders wenn Sie es wie ein *Ritual* immer wieder wiederholen.

AFFIRMATIONEN

- Im Vertrauen auf das Wirken guter Mächte finde ich innerlich Ruhe und Frieden.
- Die Verbundenheit mit meinem Engel macht mich getrost, geborgen und gelöst.
- Segen aus dem Judentum: »Michael (wer ist wie Gott?) sei mir zur Rechten, Gabriel (Gott ist Kraft) zu meiner Linken, Raphael (Gott heilt) hinter mir und Uriel (Gott ist mein Licht) vor mir.«
- Mein Schutzengel begleitet mich durch alle Widrigkeiten des Lebens und am Ende möge er mich als der Todesengel über die Schwelle des Todes geleiten.
- »Von guten Mächten wunderbar geborgen, erwarte ich getrost, was kommen mag.«

OKTOBER

Ein Training in Freudefähigkeit (Erntedankfest)

Grundkraft Dankbarkeit und Zufriedenheit

In unserer westlichen Welt sind wir vieles gewohnt: dass wir eine sichere Unterkunft haben, eine Wohnung, ein Haus, ein Dach über dem Kopf, im Winter Material zum Heizen. Wir haben immer frisches Wasser aus der Leitung, die Läden sind immer voll mit allem, was wir brauchen. Und wenn etwas ausgegangen ist, so wird es sofort nachgefüllt.

Katastrophen in vielen Teilen der Welt erinnern uns jedoch daran, dass all das gar nicht selbstverständlich ist. Dass es Grund genug gäbe, täglich dankbar zu sein für den Wohlstand, die Sicherheit, den Überfluss, in dem wir leben. Dennoch nehmen viele als selbstverständlich hin, was uns Tag für Tag so zuverlässig geschenkt wird. Manche Ältere vermissen oft bei ihren Kindern oder Enkeln das »Dankeschön«, wenn sie etwas geschenkt bekommen haben. Manche nehmen alles schweigend an, freuen sich, aber drücken den Dank nicht aus. Haben sie es vielleicht nicht gelernt – von uns? Von ihren Eltern, Großeltern, denen, die sie in die Welt hineingeführt haben, erzogen und geprägt?

Impuls

Praktizieren Sie selbst das Danken? Dem Leben, den Lieben, der Welt dankbar zu sein und diesen Dank auch auszudrücken, ihn in Worte zu fassen, ihn in Gesten hineinzulegen und *so* sichtbar werden zu lassen? Haben und pflegen Sie Rituale des Dankens, der Dankbarkeit? Wie gesagt: Viele haben es verlernt ...

Nichts ist selbstverständlich

Im Monat Oktober begegnet uns ein ganz besonderes Fest, das sich auch wegen seiner Sinnesfreudigkeit weithin bei Kindern und generell auch bei landwirtschaftlich verbundenen Menschen großer Beliebtheit erfreut: das Erntedankfest. In den Kirchen werden liebevoll die Altäre mit den guten Gaben der Natur geschmückt, ganze Kirchenräume mit der Vielfalt und Pracht der Ernte gefüllt. Das mit solcher Hingabe Zusammengetragene führt uns vor Augen, wie sehr wir unser Leben, die Freuden des Essens und Trinkens, den guten Gaben der Schöpfung verdanken – täglich neu.

Das ist wahrlich nicht selbstverständlich, denken wir an die vielen Naturkatastrophen in jedem Jahr: Tsunamis, Erdbeben, Waldbrände, Wirbelstürme, Überschwemmungen, die ganze Länder, große Landstriche verwüsten und veröden lassen und die Menschen all ihrer Habe, ihrer Lebensgrundlage berauben und in tiefe Katastrophen und Verzweiflung stürzen.

Viele Menschen nehmen ihr Glück und Wohlergehen als Selbstverständlichkeit hin. Lassen Sie mich ein Beispiel erzählen: Meine Frau und ich flogen nach Spanien, landeten sicher und gekonnt am Flughafen von Madrid, und dann fingen wir beide zu klatschen an – ein Dank an den Piloten, der vor Jahren bei Landungen noch üblich war. Weil es eben nicht selbstverständlich ist, so empfand ich, dass alles gelingt und alles gut geht. Aber wir klatschten allein, als Einzige ...

Mein schwer kranker Freund H. wies mich neulich, als ich ihm auch von *meinen* Leiden und Beschwerden erzählte, auf Folgendes hin: »Hans Gerhard, bedenke doch einmal auch all das, was du *nicht* hast an Krankheiten und Nöten. Das verändert unsere Wahrnehmung: Es ist die Schule der Dankbarkeit. Und macht zufrieden ...!« Dankbare Menschen sind auch zufriedene Menschen, für sie ist nichts selbstverständlich.

Grund genug, immer neu die »Freudefähigkeit«, den Dank zu üben, und nichts, aber auch gar nichts, was wir haben und genießen, was unser Leben prägt, froh und reich macht – und doch so leicht und schnell verloren gehen kann – oder zumindest verloren gehen könnte –, selbstverständlich zu nehmen.

Durch Danken Wunder erleben

Ich möchte Sie ein wenig einführen in die »Übung der Dankbarkeit«. Es handelt sich dabei um den Schlüssel zur Verwandlung auch scheinbar aussichtsloser Situationen: trotz aller Krankheiten, aller Probleme, aller Not Kleinigkeiten zu suchen, für die man dankbar sein kann, und diesen Dank laut zu formulieren.

Mir ist aufgefallen, dass sich auch umgangssprachlich viele Menschen aus dem Vokabular der Psychoanalyse das Wort »Trauerarbeit« zu eigen gemacht haben. Zur Bewältigung leidvoller Erfahrungen ist es wichtig, dass wir sie durcharbeiten. Wo aber bleibt ein Wort für das Gegenüber? Wo spricht jemand von »Freudearbeit«, oder von »Dank- und Freudefähigkeit« im Gegenüber zu »Leidensfähigkeit«? Müssten wir es vielleicht regelrecht trainieren, um dem unerlässlichen Betrauern von schwierigen Erfahrungen als Ausgleich das Notwendige Be-freuen im Leben gegenüberzustellen? Meiner Erfahrung nach handelt es sich beim Dank um einen die Seele und den ganzen Menschen heilenden Vorgang. Auch Ärzte, Forscher und Therapeuten aus dem Bereich der »Gesundheits-Psychologie« sind zu diesem Ergebnis gekommen.[23]

Daher nenne ich mittlerweile in meiner psychotherapeutischen und seelsorgerlichen Praxis den Dank »ein natürliches Antidepressivum – hochwirksam und garantiert nebenwirkungsfrei«.

Ein Training in Freudefähigkeit

Seit vielen Jahren verwirkliche ich mit großem Gewinn die Idee eines *Danke-Büchleins*, ein ganz besonders schönes, kleines Büchlein, eigens dafür gekauft: Da hinein schreibe ich z. B. auch kleine unscheinbare Begebenheiten, bei denen ich Anlass hatte, mich zu freuen, dankbar zu sein, bei denen ich über etwas – vielleicht ganz Geringes – überrascht, erfreut und glücklich war. Damit es nicht wieder in Vergessenheit gerät, damit es nicht im Strudel von Stress und Hektik, Sorgen und Ängsten aus meinem Bewusstsein verschwindet, damit ich es nicht so schnell verliere, sondern mich daran laben kann, meine Seele stärken und nähren, ganz nach dem Motto des Kirchenvaters Augustinus: »Die Seele nährt sich von dem, woran sie sich freut.« Zu meiner Freude fand ich in einem Weihnachtsbrief eines Freundes weitere Anregungen dieser Art. Ich staunte, wie gering, wie scheinbar unbedeutend oft die Anlässe waren, wofür er zu danken übte. Deswegen gebe ich Ihnen hier einige Beispiele aus diesem Brief und meinem eigenen Dankebüchlein wieder:

Danke, dass heute wieder die Sonne durchbrach.
Ich freue mich, dass N. wieder da ist.
Danke, dass bei der Untersuchung beim Arzt gute Werte herausgekommen sind.
Mir gefällt es, dass R. so nett zu mir ist und mich mag.
Danke, dass ich letzte Nacht (ohne Tabletten) durchschlafen konnte.

Mir gefällt es, dass meine Schwester anrief und wir so ein gutes, aufbauendes Gespräch hatten.
Danke: Ein Parkplatz um kurz vor acht Uhr beim Hautarzt direkt vor der Praxis.
Bei der Wanderung zwei neue Quellen entdeckt – und dieses schöne Lächeln der Kellnerin beim Einkehren …
Danke für die Amsel, die auf dem Baum vor dem Haus so singt, als wollte sie mir eine Tafelmusik liefern.
Danke für die etwa 100.000 Teilnehmer beim Taizé-Treffen.
Wegen … ehrliches und klärendes Gespräch mit mir selbst und Gott.
Blutdruck normal bei so viel Stress – danke!
Dieser ermutigende Artikel im Sonntagsblatt.
So einen tollen Song gehört im Radio beim Autofahren – hat mich belebt und beglückt.
Danke für die 80 Mitarbeiter/innen in der Telefonseelsorge B.
Danke, dass die Schneeflocken so schön sind (6.000 verschiedene Kristallformen!) und dass sie auch so nützlich sind, weil sie Umweltschadstoffe binden und die Luft von Autoabgasen reinigen.
Danke, dass das Leid über das tödlich verunglückte Kind dazu führte, dass ein Vater die Notrufsäulen anlegte, von denen es inzwischen 14.000 an unseren Autobahnen gibt.
»Yehudi Menuhins Geige war auch ein Instrument des Friedens und der Brüderlichkeit.« Wie schön: So ein Satz in unserer Zeitung!
Danke, dass Hans Jürgen meinen kaputten Autoreifen entdeckte und der Nachbar mir beim Wechseln half.
Danke für den Satz in M.s Brief: »Vielleicht ist Wachsen in die Tiefe angesagt, wo Weite und Breite verwehrt scheinen.«
Danke für die Bewahrung auf der Straße. Es waren nur Millimeter.
Danke für diesen Sonnenuntergang am See: Das Leben ist schön!

Ritual

Nun lade ich Sie zu einem *Ritual* ein: Legen Sie sich doch auch ein Dankebüchlein an! Oder nennen Sie es Ihr »Freudebüchlein«. Schreiben Sie täglich oder ab und zu kleine und große Erfahrungen hinein, die Sie gestärkt, gefreut und aufgebaut haben.

Vertiefen Sie so das Positive und Gute, das Ihnen im Leben widerfährt. Damit es nicht dem Vergessen anheimfällt, sondern Ihre Seele beflügelt und Ihre Lebenszuversicht fördert. Es lohnt sich! Sie werden dadurch viele Wunder entdecken und dabei viele Wunder erleben. Und so wird Ihr Leben immer neu geheilt werden …[24]

Das Freuen und das Danken kann man auch noch anders richtiggehend üben! Von einem Management-Trainer, Nikolaus B. Enkelmann, las ich, er habe es sich zur lieben Gewohnheit gemacht, keinen Tag vergehen zu lassen, ohne nicht mindestens dreimal einen der folgenden Sätze gesprochen zu haben: »Es gefällt mir, dass …« oder »Ich bin dankbar dafür, dass …« oder »Ich freue mich darüber, dass …«

Impuls

Wäre das nicht eine wunderbare kleine Übung für Sie? Keinen Tag mehr vorübergehen lassen, ohne mindestens dreimal einen solchen Freudesatz laut ausgesprochen zu haben, zu sich selbst oder auch zu anderen.

Schöpfungsdankfest: Gelebtes Schöpfungslob

Weit oben in den Schweizer Bergen gibt es eine kleine, entlegene Berghütte, in die ich mich fast jedes Jahr eine Zeit lang zurückziehe. Das sind für mich wichtige Zeiten des Sammelns, des Rückzugs, des Schreibens und Zur-Ruhe-Kommens, fernab der »lauten« und geschäftigen Welt des Alltags, der Termine, Pflichten, Herausforderungen und des Engagements. Ich brauche diesen Ausgleich sehr, die Stille, das Nichtstun, nur Sein, Empfangen, nicht steuern, sondern geschehen lassen.

Dort entstand vor Jahren, in einer solchen Zeit der Freude und des Aufatmens und Kraftschöpfens, in mir das folgende Gedicht:

Seligkeit
Hast du schon einmal Gras gestreichelt,
einen Wiesenboden, Waldboden, Moos?
Hast du schon einmal einen Baum umarmt –
als Ausdruck deiner Liebe,
Lebensfreude und Dankbarkeit,
deiner Lebenslust und Zärtlichkeit?
Die Nadeln des Waldbodens, das Gras der Wiese,
die Rinde als die »Haut« eines Baumes
zärtlich streicheln wie die Haut einer Geliebten –
liebkosen …
Oder einen Apfel, eine Tomate:
ALLES genießen.
Die Blüte einer Pflanze, liebend, schützend, verehrend
in die Hände nehmen!
Schöpfung intensiv aufnehmen, wahrnehmen, erleben,
wie etwas Heiliges …
Ich gebe mich hinein
mit allen Sinnen, allem Sein.
In den zarten Hauch des Windes,
das Silberlicht des Mondes,
ins Sonnengold –
voll Seligkeit.
JETZT.
Hier.
Heute.

HANS GERHARD BEHRINGER

Impuls

Nehmen Sie doch das Gelesene zum Anlass, all das bei der nächsten Gelegenheit auch zu *tun*: Gras streicheln, einen Baum umarmen, alle Gaben der Schöpfung und sinnliche Wahrnehmungen bewusst »verkosten«. Ganz im Sinne des großen Weisen Ignatius von Loyola, wenn er meint: »Nicht das Vielwissen sättigt die Seele, sondern das Verkosten der Dinge von innen her.«

Vor Jahren habe ich meine Freude über das Leben, auch die Überwindung vieler leib- und lustfeindlicher Blockaden in meiner Seele, meinen Jubel über die Befreiung aus dem inneren Geknechtetsein von chronischen Schuldgefühlen, masochistischer Selbstquälerei und Sinnesfeindlichkeit in Worte gefasst:

Danke, ihr Sinne!
Ihr macht mein Leben reich.

Danke, ihr Augen,
dass ihr – anschaulich – beschaulich
meine Welt betrachtet
und mir – trotz vielen Leids –
so viel Genuss und Freuden sichtbar macht!

Danke, ihr Ohren, dass ihr mich wahrnehmen lasst
Geräusche, Klänge, Melodien
oder zartes Liebesgeflüster
oder das Singen und Wispern des Windes im Baum.

Danke, ihr Hände, für euer Geben und Nehmen,
für euer Schreiben, Streicheln, Musizieren,
für euer Tun in aller Vielfalt.

Danke, ihr Füße, für euren Standpunkt,
eure Standhaftigkeit,
dass ich durch euch selbst-ständig sein,
mich gehenlassen kann.

Danke, Haut, dass du mich fühlen lässt,
Wärme, Kälte, Kontakt, Zärtlichkeit.
Du bist meine Hülle, mein Schutz, meine Grenze
und oft ein großer Freudenspender,
wenn mir nicht grad etwas zu sehr
unter die Haut geht …

Danke, Zunge, für das Schmecken,
für das Küssen, für das Reden
und das Singen.

Euch allen, Sinne: Dank!
Danke, ihr Sinne:
Sinnenhaft
habt ihr mein Leben
sinnvoll gemacht.
Mein sinnlich sinnhaftes Sein
danke ich euch.

HANS GERHARD BEHRINGER

Impuls

Regen Sie diese Gedichte vielleicht an, Ihren eigenen Dank in Worte zu fassen? Versuchen Sie es doch einmal.

Wenn Schreiben nicht die Ihnen gemäße Art ist: Können Sie vielleicht malen? Oder in Körperhaltungen ausdrücken, wie Ihnen ums Herz ist? Oder wie wäre es mit Schnitzen oder Formen von Ton? Oder Freude und Dank singend, musizierend, mit Instrumenten ausdrücken – Hauptsache aus-drücken! Manche können z.B. auch Geschichten erzählen: den Kindern und Enkeln, dem Patenkind oder einer kranken Freundin. Ist das ein Weg für Sie, vielleicht mit einer kleinen Verfremdung verbunden, Ihre eigene Freudengeschichte laut werden zu lassen? Oder Sie schreiben Ihre Gedanken und Einfälle auf einem Blatt Papier auf, um das Glück und die Freude nicht zu vergessen …

Aber was ist mit Einschränkungen?

Was ist, wenn der Schwung, die Vitalität, die Gesundheit, Genuss- und Leistungsfähigkeit nicht mehr so sind wie früher? Wenn der/die geliebte Partner/in, die Arbeit, das Einkommen, die früheren Erfolge so schmerzlich fehlen? Wenn der Verlust von Freunden, Eltern, Kindern oder von Schaffenskraft oder -freude immer wieder deprimieren und quälen, was dann?

Dann wird es umso wichtiger, kreativ zu sein und Stunde um Stunde, Tag um Tag abzuklopfen nach etwas Aufbauendem, Stärkendem, Gelungenem und Frohmachendem. Denn die Danke-Übung ist ein wirkungsvolles, natürliches Antidepressivum, das man sich oft auch intensiv erarbeiten muss, das dann aber oft auch Wunder wirkt.

Und welchen Sinn soll alles haben?

Manchen Menschen ist es bei ihren schweren Erfahrungen und Widerfahrnissen erst nach Jahren möglich, dem Erlittenen auch etwas Positives abzugewinnen. Denn wo etwas Neues sich auftat und entwickelte und gleichzeitig etwas Vertrautes, Wertvolles und Geliebtes wegfiel, fällt es schwer und manchmal gelingt es auch gar nicht. In einem alten Lied heißt es: »In dir ist Freude in allem Leide …«[25] Der Dichter sagt: Meine Rückbindung an den Urgrund des Lebens, an die Quelle, an »Gott« hilft mir, dass ich *trotz allem*, in und mit allem Schweren und Unheil den Mut nicht verliere, vom Leid nicht überwältigt werde, sondern sogar Freude finden kann – vielleicht nur ganz kleine, vielleicht ja nur sporadisch, hin und wieder, aber immerhin. Er fasst damit in seinem Lied zusammen, was Paulus in einem biblischen Brief (1 Korinther 7,4) so formuliert: »Ich habe überschwängliche Freude in aller unserer Trübsal.« Überschwängliche Freude – inmitten von Not und Elend, das nenne ich Freiheit und Anschluss an tiefere, höhere Quellen und Ressourcen! Dank, Freude, Seelenfrieden und Gottvertrauen *trotz allem* – das ist das Geheimnis.[26]

AFFIRMATIONEN

- Mit dem Training in Dank- und Freudefähigkeit erlebe ich ein stabilisierendes und stärkendes »natürliches Antidepressivum«.
- Danken bringt Neues ins Leben hinein und macht mich hell, licht und leicht.
- Ich bin jetzt ein dankbarer Mensch und lerne vor allem die Freude an *kleinen* Dingen!
- Das Gestalten eines Danke- und Freudebüchleins lenkt meine Aufmerksamkeit positiv auf das Hilfreiche, Stärkende und Gelingende an jedem Tag.
- Durch die »Übung der liebevollen Aufmerksamkeit« (Teresa von Avila, Ignatius von Loyola) wird mein Leben bewusster und wacher, achtsamer und glücklicher, freudevoller, reicher und zufriedener.
- »Dann bist du gesund geworden, wenn du das Danken gelernt hast« (Bodelschwingh).
- »Die Seele nährt sich von dem, woran sie sich freut« (Augustinus).
- Ich wünsche mir, dass ich in, mit und trotz allem Schweren den Mut nicht verliere, vom Leid nicht überwältigt werde, sondern Freude und sogar Dankbarkeit empfinden kann.

NOVEMBER

Der Tod als Ratgeber (Allerheiligen / Allerseelen, Toten-/ Ewigkeitssonntag)

Grundkraft Abschiedlichkeit und Versöhnung mit der eigenen Endlichkeit: die Kunst des Loslassens

Grau, nasskalt und unfreundlich sind oft die Tage: Viele fürchten den öden November. Tiere verkriechen sich, die Natur zieht sich zurück, alles ist kalt, unwirtlich – Brachzeit beginnt.

Der erste November war bei den alten Kelten Neujahr, die Nacht vorher bestimmt von Einflüssen der »anderen Seite«, der Toten- und Jenseitswelt. Das Unheimliche beherrschte die Menschen, auch Furcht vor Tod und Sterben und den Geistern der Verstorbenen. Die Bräuche und Rituale, der Trubel von Halloween spiegeln noch heute, welche Ängste die Menschen früher bewegten. Das Christentum hat in seiner Mission all das Grauen und Fürchten, das Spiel von Verkleiden, Lärmen und Laternen, dieses »Heidenspektakel« zu bannen und zu vertreiben versucht, indem es einen der höchsten Feiertage genau *dahin* legte, einen Gedenktag: Allerheiligen. Doch auslöschen ließ sich das Alte nicht, das sieht man ja heute wieder an dem Aufleben der Halloween-Kulte.

Beides gehört zusammen, im Leben wie in der Seele: Hell und Dunkel, das Lichte und das Beängstigende, das Leben und der Tod. Im Dezember wird uns diese Zusammengehörigkeit der Gegensätze im Blick auf Weihnachten und die Tage drumherum noch beschäftigen. Aber der November und seine Feste führen uns hin zu diesem notwendigen und zugleich schweren Thema: unserer Endlichkeit, Sterblichkeit, dem Gedanken an Abschied, Sterben und Tod. Es scheint auf in dem genannten Trubel um Halloween, wird vertieft durch das Totengedenken katholischer Christen an Allerheiligen und Allerseelen, und bei den evangelischen Christen am Totensonntag, der auch Ewigkeitssonntag genannt wird. Dieser Monat bringt uns in Verbindung mit Menschen, die schon gestorben sind: seien es sogenannte »Heilige«, Vorbildpersonen, die man verehrt (Allerheiligen, 1. November), oder Verwandte, Freunde, Geliebte, die schon vor uns gegangen sind (Allerseelen, 2. November, und Toten- bzw. Ewigkeitssonntag). Es geht dabei also einerseits um ein verehrendes, dankbares Gedenken *anderer*, zugleich andererseits aber um das Erkennen und Bedenken unserer *eigenen* Begrenztheit. Was liegt darin Gutes? Welche Kraft, ja Grundkraft gelingenden Lebens? Sollte das »Bedenken, dass wir sterben müssen« neben der Trauer, neben dem so Unangenehmen, dass wir es oft gerne zu verdrängen suchen, auch etwas Hilfreiches haben? Auch hierin eine »Grundkraft« zu finden sein? Als ob wir durch die bewusste Begegnung mit dem Tod *das Leben lernen* könnten?

Der Tod als Ratgeber

Sicherlich eine gewöhnungsbedürftige Formulierung, denn wie kann ich den Begriff »Ratgeber« in Zusammenhang mit dem Tod bringen? Als habe das Bewusstsein unserer Endlichkeit auch etwas Gutes. Dass der Tod wirklich »Ratgeber« für das Leben sein kann, habe ich selbst auch nur langsam gelernt. Eine Begegnung in der Sauna führte mir dies deutlich vor Augen. Sie ist mir noch ganz wach in Erinnerung, obwohl schon Jahre her: Sauna bedeutet für mich Entspannen, Ausruhen, eine Ruhepause für Körper, Seele und Geist. Ich war ganz überrascht und unvorbereitet, als ich während eines Saunagangs so ganz locker mit einem sympathischen, sehr wach und konzentriert wirkenden Mann ins Gespräch kam. Als der mich dann fragte, was ich beruflich mache, begann ich von den vielen Vorträgen, Seminaren, Fahrten, Planungen, Sitzungen, seelsorgerlichen und therapeutischen Gesprächen in meinem Beruf zu erzählen und sagte dann: »Ich habe halt viel Stress …« Da wurde er plötzlich ganz ernst und fragte: »Möchten Sie etwas wissen, was garantiert gegen den Stress hilft?« Und ob ich wollte! »Sagen Sie es mir, ich mache es bestimmt!« Dann sagte er zu mir: »Sie müssen sich einmal einen ganzen Nachmittag in einem Liegestuhl oder in einer ruhigen Situation der Grundwahrheit aussetzen: Ich kann in der nächsten Sekunde tot umfallen. Wenn Sie das wirklich und ernsthaft tun, wenn Sie das aushalten, dann wird sich Ihr Leben verändern – dann werden *Sie* Ihr Leben verändern!«

Tja, das war meine Saunapredigt – eine solche Begegnung und Lektion hatte ich nicht erwartet, schon gar nicht in einem Wellness-Center. Und doch trifft es zu: Ich *kann* im nächsten Moment tot umfallen. Mich dem stellen, meiner Begrenztheit und Endlichkeit ist nicht nur meine Lektion aus der Sauna, auch die »Lebenslehrerin Jahreskreis« legt sie uns am Schluss noch ans Herz – in Festen wie Allerheiligen, Allerseelen, Toten- und Ewigkeitssonntag. Wenn ich mir dies also bewusst mache, dann kann ich noch deutlicher und ganz neu verstehen, was ein altes Psalmlied der Bibel meint, wenn da gesungen wird: »Gott, lehre uns bedenken, dass wir sterben müssen, damit wir klug werden« (Psalm 90,12) – klug, das heißt hier weise und lebenstauglich.

Das »verbundene Leben« der Mexikaner

Kürzlich lernte ich in einer anderen Situation, wie das ist, wenn man bewusst »mit dem Sterben leben« übt. In der Begegnung mit einem mexikanischen Kollegen und Freund, katholisch mit indianischen Wurzeln in seiner Herkunft, erzählte mir dieser voller Begeisterung von der Art, wie die Menschen in seiner Heimat in einer konstruktiven Verbindung indianischer und christlicher Traditionen mit »ihrem Tod« umgehen, wie sie mit ihm leben und reden und im Kontakt sind. Als sein Schwiegervater starb, so erzählte er mir, sprach dieser schon Wochen vor seinem Tod immer wieder davon, dass »sein Tod« schon in der Nähe sei, ihn aber noch nicht hole. Etwa drei Wochen vor seinem Sterben wusste er: »Jetzt ist er schon im Nachbardorf, aber er hat keine Eile. Es hat noch Zeit.« Nach einigen Tagen sah er ihn gemütlich an dem kleinen See, der zwischen seinem und dem Nachbardorf lag. Er mache es sich dort schön, liege in der Sonne und genieße die Zeit. Wiederum nach ein paar Tagen war er dann schon im Dorf. »Aber er sitzt noch da unten an der Straße herum. Es dauert noch.« Und dann nahm er den Tod wahr, wie er »dort unten am Anfang des schmalen Fußwegs, der zu unserem Haus heraufführt, unterm Baum sitzt, ganz friedlich wartet – genau dort, wo ihn die Hofhunde noch in Ruhe lassen«. Schließlich kam dann der Tag, an dem er wusste: »Jetzt kommt er« – und er kam.

Mein Freund erklärte mir lächelnd und fröhlich, dass Mexikaner immer im Kontakt zu den verschiedenen Welten lebten, unserer hier und der »anderen«. Vergangenheit, Gegenwart und Zukunft sind für sie nicht getrennt, sondern gleichzeitig existierende Wirklichkeiten. So gehört der Tod auch immer mit dazu, wird manchmal auch verspottet und ausgelacht. Es gibt Zuckergebäck mit dem Tod oder als Totenkopf. Der Tod gehört dort zum Leben.

Merken Sie: Meine Sauna-Predigt, diese so ganz andere Sicht- und Lebensweise der Indianer und Christen in Mexiko, das alte Lebensmotto der Psalmen: »Bedenkt, dass wir sterben müssen, damit wir klug werden«, all das ist Anleitung zum *intensiven Leben*, zur Grundkraft »abschiedlich leben«, um des volleren, reicheren und intensiveren Lebens willen, das der Lohn sein kann für eine abschiedliche Grundhaltung. Um sich nicht zu sorgen, zu quälen und aufzuregen an der falschen Stelle etwa, über Nichtigkeiten. Um nicht zu vergessen, was *wirklich* zählt im Leben – und was nicht. Für jede und jeden ist das anders, aber wir müssen es lernen, ein Gespür dafür entwickeln, dass das »Leben im Tod zu finden ist«.

Loslassen und Abschiednehmen

Loslassen und Abschiednehmen sind eine besondere Herausforderung, Zumutung, Schwierigkeit und Chance des Älterwerdens, besonders der höheren oder gar letzten Lebensjahre, dass sie uns so viel zumuten an Abschieden und Neuorientierung. Die Vitalität nimmt ab, Schmerzen nehmen vielleicht zu, der Bewegungsradius reduziert sich, vielleicht auch die Zahl der Vertrauten, Freunde, Begleiter/innen und Schicksalsgenoss/innen. Besitz wird weniger bedeutsam, dafür das innere Befinden und Empfinden, Seelenfrieden und Gottesfrieden umso mehr. Ein großer Wandel ist im Gang – oder sagen wir vorsichtiger: wäre vonnöten.

Mit zunehmendem Alter kommen viele Menschen an ihre Grenzen: körperlich und seelisch, sozial und im Kontakt mit anderen. Einsamkeit wird spürbarer, denn Vertraute und Freunde schwinden, weil sie vielleicht kaum mehr Kontakt halten (können) oder gar schon »drüben« sind. Oft steigert sich die Wahrnehmung des Schweren und Belastenden in der Umwelt, der Politik und Weltlage. Da drohen Mutlosigkeit und Ohnmachtsgefühle, Depression und Resignation. Ja, manchmal geht es dabei drunter und drüber. Beim Älterwerden kommt dann oft noch das Kränkerwerden dazu und die Traurigkeit darüber, und das quälende Gefühl der Unabänderlichkeit. Gut, dass es da einiges gibt, was gegensteuern hilft. Wir werden es im Folgenden – und auch im Dezember und im Schlusskapitel – betrachten: Was hilft da? Außer den unverzichtbaren Gesprächen und menschlichen Kontakten?

Jeder Abschied ist ein kleines Sterben

Haben Sie sich vielleicht auch schon Gedanken gemacht, dass man alles eben Gesagte auch auf unser gesamtes Leben anwenden könnte? Auf *jeden* Abschied und *jedes* Ende? Das einer Beziehung, einer Liebe, einer Aufgabe, Stelle, Wohnung, aber auch auf Veränderungen in Lebensphasen, auf Krankheiten, Beschwerden, Beeinträchtigungen und Behinderungen. Auch diese fordern Abschiede und Neuorientierungen von uns. Das kann (oder muss) uns in Zeiten des Umbruchs, gar der Krise, zu einem Wandel des eigenen Selbstbildes, der Weltanschauung und des persönlichen Normensystems führen. Auch Änderungen in Ihrer Lebenseinstellung, Abschiede von Überzeugungen, Sicherheiten, Plänen und Prinzipien, der Verlust von Hoffnungen, Idealen, Grundsätzen und Forderungen, das Zerbrechen von Glaubensanschauungen, körperlichen, materiellen und sozialen Grundgegebenheiten, all diese Veränderungen sind Aufforderungen zum Abschied, zum Loslassen und zu einer inneren Umstellung.

Impuls

Schaffen Sie sich eine ruhige, ungestörte Atmosphäre, vielleicht mit einer Tasse Tee, ein paar Kerzen und leiser Musik. Entspannen Sie sich und stellen Sie sich dann die Frage: Welche Verluste und Abschiede habe ich im Leben schon gehabt, überstanden und bewältigt? Und wodurch gelang mir das Abschiednehmen und wie? Was hat mir beim Loslassen, bei der Ver-Wandlung und dem Neubeginn geholfen? Welche großen und kleinen Abschiede stehen zurzeit und in Zukunft noch an? Wie kann ich mich darauf vorbereiten, was dafür tun, um möglichst gut damit zurechtzukommen? Welche konkreten physisch-materiellen, seelisch-geistigen, psychologischen, sozialen und spirituellen Hilfen und Ressourcen brauche ich dafür? Woher kann ich die bekommen, wie sie finden – oder wie sie in mir wecken und entwickeln? Schreiben Sie Ihre Erkenntnisse auf, um weiter damit arbeiten zu können. Denn »mitten im Leben sind wir von dem Tod umfangen« (Martin Luther). Es gibt eben »ein bisschen Sterben« immer wieder und immer neu – ein Leben lang. Das ganze Leben ist laut dem »Tibetischen Buch vom Leben und Sterben« eine Vorbereitung auf den Tod. Und J. P. Sartre sagte: »Leben ist Sterben-Lernen.«[27]

Neubewertung durch das Bewusstsein der Endlichkeit. »Abschiedlich leben«, wie kann man das lernen? Wie das bewältigen und bewerkstelligen? Krankheitszeiten, Aufenthalte und schwere Stunden in einer Intensivstation haben mein Leben verändert. Aber nicht nur ich, nein, viele haben das so erlebt! Schicksalsschläge, Grenzerfahrungen, Krisenstunden, wo man dem Tod ins Auge blickt – da tun sich neue Fragen auf.

Impuls

Wenn Sie einmal richtig Zeit und Ruhe haben, dann wäre das eine Gelegenheit, sich diesen schwerwiegenden Fragen einmal wirklich zu stellen: Was hilft und zählt jetzt – und in Zukunft – wirklich? Was nützen Berühmtheit, Ruf, Karriere, Bücherschreiben und alle Leistungen? Wie wichtig ist die Erfüllung der Erwartungen der Leute, der Vorstellung vieler anderer, aber auch die meiner eigenen Ideale – letztlich? Welchen Preis kostet das? Und welchen Lohn bringt es? Lohnt das den Aufwand? Brauche und will ich das wirklich? Womit will ich meine Zeit verbringen, wie sie nutzen? Was tun und vor allem, was *nicht* mehr tun? Sind denn Haus, Auto oder auch Bewunderung durch andere usw. die eingesetzte Kraft, die Zeit und Intensität wert? Wenn nicht, was dann? Wie steht es mit der Liebe, mit Beziehungen und menschlichen Bindungen? *Wozu* leben?

Solche Überlegungen tun weh, sie nötigen, ja zwingen sich auf, sind schwer zu vertreiben – viele versuchen allerdings auch das. Aber ihnen zu lauschen, zu folgen: Mich selbst hat das verändert! Lassen Sie es geschehen, dass diese Grundkraft Sie lebendiger, glücklicher und letztlich reicher macht: Abschiedlich leben – mit dem Tod als Berater.

Rechtzeitig Vorsorge treffen

Sich darauf einzustellen und realistisch auf den Weg der Wandlung, das Sinken des Lebenssterns oder der Lebenssonne, auf den Abschied vom Leben überhaupt, aufs Sterben vorzubereiten, kann für jede/n etwas anderes bedeuten und mit sich bringen.

Vielleicht die Beschäftigung mit der Frage: Wie will ich altern, in welcher Umgebung und mit wem? Im »Betreuten Wohnen« – einer Seniorenresidenz – in einem Mehrgenerationen-Haus? Mit Freunden in einer Alters-WG? Bei alldem ist es wichtig, den Übergang und das Eingewöhnen *rechtzeitig* zu planen und zu vollziehen, möglichst solange man noch gesund, flexibel und lebensfroh genug ist und in der Lage, sich an die neue Situation zu gewöhnen und gut mit ihr vertraut zu werden. Vielerlei ist dabei zu überlegen, man muss sich kundig machen, informieren und irgendwann – möglichst frühzeitig – für eine Möglichkeit entscheiden.

Vielleicht bedeutet es auch, ein Testament zu verfassen, eine Betreuungsvollmacht zu erstellen, die Patientenverfügung auszufüllen – am besten mit einem Arzt und einer weiteren Person Ihres Vertrauens zusammen. Auch rechtliche und finanzielle Fragen sind zu klären und im Voraus klar zu vereinbaren.

Ich habe mehrere ältere Menschen in meinem Bekannten- und Freundeskreis, die alles genau und konkret vorbereitet haben, manche sogar den Ablauf ihrer Beerdigung, den Text der Anzeige, eventuell auch den für den Grabstein. Meine Mutter hat das genauso getan, lang vorher, sorgsam und gründlich. Sie hat alles rechtzeitig mit uns besprochen. Es war eine große Hilfe für uns Kinder, für unseren Trauerprozess und bei der seelischen Belastung des endgültigen Abschieds, dass bestimmte Elemente und Abläufe schon festgelegt waren, weil sie lang im Voraus bedacht und besprochen waren. Da musste es »nur« noch vollzogen werden – und das war ja schon schwer genug.

Es geht ums Rechtzeitige, Vorausschauende, und damit um die Entlastung für die Gehenden und die Bleibenden. Sehenden Auges wie mein Leben, so auch mein Gehen, meinen Abschied zu akzeptieren, vorzubereiten und zu gestalten.

Impuls

Wie geht es Ihnen mit dem soeben Gelesenen? Ist Ihnen das zu direkt? Wirkt es auf Sie wie eine Zumutung? Oder wagen Sie es, jetzt tatsächlich zu Papier und Stift zu greifen und ein paar diesbezügliche Gedanken festzuhalten und aufzuschreiben? Und in der nächsten Zeit weiter zu bewegen und auch mit entsprechenden Vertrauten weiter zu besprechen?

Das Sterben vorbereiten

Es hat mich sehr bewegt, als ich von Elfriede L., einer guten Bekannten aus Oberfranken, erzählt bekam, dass in ihrer Kindheit ihr Großvater – Bauer in der oft kargen Landschaft dort – sie mit ihren sieben oder acht Jahren einmal bat, für ihn etwas aufzuschreiben. Mit ihrer sorgsamen Kinderschrift schrieb sie Folgendes für ihn auf: »Mein tägliches Gebet«. Darin bat er Gott um seines Geistes Kraft, um seinen Frieden, dankte für Stärkung, wenn er manchmal krank danieder liegen musste, bat darum, dass er nur fröhlich mit ihm seine Zeit verbringen möchte, und bat schließlich: »So ich flehen und bitten darf, möge ein langes und schweres Krankenlager, sowie alles Leid und Jammer dieser Erde an mir vorübergehen … und wenn ich dennoch leiden muss, so gib doch, dass ich es ertragen kann. Ein süßer sanfter Tod möge mir beschert sein. Ich hoffe auf dich: du wirst mich nicht verlassen …« Dieses war sein »tägliches Gebet«, stellen Sie sich das einmal vor!

Inzwischen kenne ich viele Menschen, denen das ebenfalls ein Anliegen ist: ein vorbereitetes, innerlich bereites Sterben, ein leichtes Hinübergehen-Können. Sie hoffen und beten, dass ihnen chronische Krankheiten, Siechtum und Schmerzen erspart bleiben mögen. Sie bitten ebenfalls immer neu um einen »heilvollen Tod«, dass das Loslassen ihnen leichtfallen möge, dass sie bewusst, mit innerer Bereitschaft, mit allem versöhnt in Frieden gehen können. Man kann darum bitten! Und von vielen weiß ich, dass es ihnen tatsächlich genauso geschenkt wurde und widerfahren ist, wie sie es wieder und wieder gewünscht, ausgedrückt und der »obersten Instanz« als Bitte vorgelegt hatten.

Impuls

Zum Schluss dieses Kapitels noch ein besonderer *Impuls*, gleichsam ein kleines Ritual:
Der folgende Text heißt: »Gebet einer Nonne«. Er wird der spanischen Mystikerin Teresa von Avila zugeschrieben. Meiner Erfahrung nach lohnt es sich, sich selbst ab und zu diesen Text laut vorzulesen, auch wenn Sie noch nicht im höheren Alter sind, auch wenn Sie keine Nonne sind, und auch wenn Sie nicht direkt religiös sind. Probieren Sie es doch einfach einmal aus.

Gebet einer Nonne
O Herr, du weißt besser als ich, dass ich von Tag zu Tag älter und älter und eines Tages alt sein werde.
Bewahre mich vor der Einbildung, bei jeder Gelegenheit und zu jedem Thema etwas sagen zu müssen.
Erlöse mich von der großen Leidenschaft, die Angelegenheiten anderer regeln zu wollen.

Mach mich nachdenklich, aber nicht schwermütig,
hilfsbereit, aber nicht bestimmend.
Angesichts meines großen Reichtums an Lebensweisheit scheint es bedauerlich, nicht alles nützen zu können, aber du weißt, Herr, dass ich schließlich doch ein paar Freunde behalten möchte.
Bewahre mich vor der Aufzählung endloser Einzelheiten und hilf mir, die Dinge auf den Punkt zu bringen.
Lehre mich schweigen über meine Krankheiten und Beschwerden. Sie nehmen zu – und die Lust, sie zu beschreiben, wächst von Jahr zu Jahr. Ich wage es nicht, um so viel Gnade zu bitten, dass ich die Erzählungen anderer über ihre Schmerzen mit Freuden anhöre, aber hilf mir, diese mit Geduld zu ertragen.
Ich wage es nicht, ein besseres Gedächtnis zu erbitten, dafür aber zunehmende Bescheidenheit und abnehmende Selbstsicherheit, wenn meine Erinnerung mit der anderer in Widerspruch zu stehen scheint.
Lehre mich die wunderbare Weisheit, dass ich mich irren kann.
Erhalte mich so liebenswert wie möglich. Ich möchte keine Heilige sein – mit manchen von ihnen lebt es sich so schwer; aber ein Griesgram ist das Krönungswerk des Teufels.
Lehre mich, Gutes an unerwarteten Orten zu sehen und ungeahnte Talente in anderen zu entdecken – und verleihe mir, o Herr, die schöne Gabe, sie auch zu erwähnen.
Amen.[28]

TERESA VON AVILA

Dem Sterben im Leben begegnen, sich versöhnen mit der eigenen Endlichkeit, abschiedlich zu leben üben und somit achtsamer, intensiver und bewusster leben im Jetzt: Zu diesem Lebenskonzept lädt uns der November ein.

AFFIRMATIONEN

- Jedes Ende ist auch Anfang, jedes Sterben auch Geburt.
- Mein »Bruder Tod« (so nannte ihn Franz von Assisi) ist ein weiser Ratgeber für mein Leben.
- Wenn ich abschiedlich lebe, werde ich achtsamer, bewusster und dankbarer in allem Tun und Lassen.
- Die »Verbindung« mit meinen Ahnen kann mir helfen, die Gegenwart sinn-voll und ziel-gerecht zu gestalten.
- Die Begegnung mit meinem Tod macht mich weise und frei, korrigiert meine Prioritäten, lehrt mich zu erkennen, was im Letzten wirklich wichtig ist, und befruchtet so mein Leben.
- Ich wünsche mir ein vorbereitetes, bewusstes, sanftes und schmerzfreies Sterben, bei dem ich nicht lange leiden muss, aber einwilligen und leicht gehen und loslassen kann.
- Weil ich dem Tod nicht ausweiche, genieße ich intensiver, werde ich immer gelassener, lebe ich dankbar jedes kleine Glück, jeden Augenblick.
- Sehenden Auges wie mein Leben, so will ich üben, auch mein Gehen, meinen Abschied zu akzeptieren, vorzubereiten und zu gestalten.

DEZEMBER

Licht und Schatten (Weihnachten und 28. Dezember)

Grundkraft Integration und Versöhnung: in Gegensätzen ganz

Advent ist's, Weihnachten kommt! Eine Zeit der Lichter, der Romantik, des Feierns, Singens, Musizierens, des Genusses von Glühwein, Plätzchen, Weihnachtskarpfen oder Weihnachtsgans. Ein Fest, das die Menschen fast überall noch feiern, selbst wenn sie zum Glauben und den Ursprungstraditionen dieses Festes kaum mehr einen Bezug haben. Es ist dabei oft mit hohen, fast zu hohen Erwartungen verbunden, ist wie eine Projektionsleinwand unendlich vieler Sehnsüchte, Wünsche und Hoffnungen: nach Harmonie, nach »Frieden auf Erden«, nach Geborgenheit, nach »heiler Familie«, das Fest der Liebe, der Familie, der Kinder.

Harmonie oder »Weihnachtsstress«?

Weihnachten hat aber auch eine Kehrseite, die so gar nicht dem ersehnten Idealbild entspricht. Man konzentriert sich mit aller Kraft auf »Harmonie« und macht die ernüchternde Erfahrung, dass damit die dunklen Seiten keineswegs hell werden, sondern nur überdeckt, und unter der Oberfläche brodelt es weiter: Stress an den Festtagen, Enttäuschungen, weil so vieles nicht ideal läuft, Konflikte in der Familie, der »Weihnachtsstreit«, oder auch quälende Einsamkeit, Tränen statt Freude, Verzweiflung oft bis hin zum Suizid statt »Ehre sei Gott in der Höhe«. Schrille Nacht statt »stille Nacht«.

Impuls

Erforschen Sie doch einmal – in sich selbst und im Verwandten- und Freundeskreis –, welche Gefühlsschattierungen und Elemente Weihnachten für uns Menschen hat. Stellen Sie sich selbst die Frage, welche Gefühle Weihnachten in Ihnen weckt. Was bedeutet es Ihnen? Warum ist dieses Fest so beliebt? Warum wird es gefeiert, immer neu, obwohl die Erfahrungen damit ja oft gemischt und durchwachsen sein können? Was macht dieses Fest so unverzichtbar und so attraktiv?

Was feiern wir an Weihnachten?

Es ist eine uralte Geschichte, ursprünglich sicher nicht so lauschig, romantisch und heimelig, wie wir sie heute kennen. Die Geschichte erzählt von Jesu Eltern, die zu einer Volkszählung mussten, fern von zu Hause, in ein kleines Dorf mit Namen Betlehem, und just dort, in der Fremde, wurde der kleine Jesus geboren.

Tausendfach erzählt, nachgespielt, in fromme Lieder, Gedichte und Inszenierungen gefasst, rührend, uns wirklich in der Tiefe anrührend – so sehr, dass auch Menschen, die das ganze Jahr über niemals in die Kirche gehen, das am Heiligen Abend tun. Dann sind die Kirchen voll! Irgendetwas zieht uns an an diesem Fest, an Weihnachten. Das ist nicht nur Kitsch und Stimmung und Rührseligkeit. Vielleicht doch die Botschaft vom Licht im Dunkel, von Liebe und Wärme und der Zuwendung Gottes, des Lebensquells, zu uns allen?

Geht es vielleicht noch um etwas ganz anderes? Um eine feine, weiche, sanfte Seite an uns, um Zartheit, Kindlichkeit und Weichheit, die sonst im Leben kaum zum Zuge kommen kann oder darf? Und schließlich um Integration dieser so oft vergessenen Seite des Lebens?

Weihnachten – das Fest der Kinder

1986 schrieb ich einmal in meinem Tagebuch die folgenden Gedanken nieder:

»Ist Weihnachten vielleicht deshalb so beliebt, weil es so stark jene Seite in uns anrührt, die wir als Erwachsene sonst so leicht vergessen, verleugnen, die wir uns ja ›nicht leisten können‹ im Kampf ums Dasein: unsere Kind-Seite!? Und hier ist nun eine Zeit, in deren Mittelpunkt die Erwartung eines Kindes steht (Advent), seine Geburt (Weihnachten), das Leben eines Kindes also – und die Freude, die Freude von Kindern, die Freude des Beschenkens der Kinder, so kommerzialisiert und pervertiert es geworden ist …

Gibt diese Zeit vielleicht dem missachteten, geschlagenen, getretenen, fast verhungerten Kind in uns endlich die Gelegenheit, mal Luft zu schnappen, zu fühlen, aufzuleben und zu zeigen: »Ich bin auch noch da!«? Das eingesperrte, vernachlässigte Kind, das in jedem von uns lebt, das wir die meiste Zeit unterdrücken und so tun, als wäre es nicht mehr da – weil wir uns »groß«, erwachsen, vernünftig und sachlich benehmen müssen, dieses »unser«

Kind wird plötzlich ins Zentrum gerückt. Alles dreht sich plötzlich um das Kind, es wird (symbolisch) zum Mittelpunkt: der Jahreszeit, der Kaufhäuser, des Kirchenjahres, des Interesses, der Zuwendung und Zuneigung, ein Kind, Jesus, jedes Kind und »unser« Kind in uns. Und weil das so öffentlich erlaubt ist, so offiziell genehmigt, so scheinbar ohne Bezug zu uns selbst, deshalb können wir uns darauf einlassen, »unser« Kind zum Vorschein kommen zu lassen, es er-leben zu lassen, aufleben zu lassen.

Da »dürfen« dann auch unsere Augen wieder strahlen, unsere Gesichter beim Kerzenschein sanft und selig leuchten, die Masken fallen und die Züge weich werden. Weil es da erlaubt ist, Kind zu sein, am »Fest der Kinder« und in seiner Vorbereitungszeit.«

Impuls

Ist das vielleicht ein Grund, warum Weihnachten ein unausrottbares Fest bleibt und immer gewesen ist? Und noch eine Frage: Wollen wir – wollen Sie – das weiterhin reduzieren auf Advent und Weihnachten, dass Sie Ihrem staunenden, spielenden Kind in sich Raum geben? Dass Sie es sich gönnen, selbst mal wieder ganz Kind sein zu dürfen, freudig, versonnen, feiernd, außer sich und dabei doch ganz bei sich? Wenn nicht, so können Sie Weihnachten immer haben: Dann ist »das ganze Jahr Weihnachten«! Einkehr und Hinkehr zum Kind – dem ewigen, dem eigenen, dem inneren Kind.

Das Weihnachtsfest bietet Gelegenheit zur Bewusstwerdung unserer Kindlichkeit, Offenheit, Verspieltheit, wie auch unserer Angewiesenheit, Schwachheit und Bedürftigkeit: All das und noch viel mehr steckt ja im Symbol des Kindes, bis hin zum Aspekt des Göttlichen in uns, der Geburt einer anderen Welt und Qualität in unserem Inneren.

Aber was ist mit dem 28. Dezember?

Das Schöne also wird gefeiert, mit Halleluja, Weihnachtsoratorium, Krippenspiel, mit Geschenken und Gelagen, mit Gedichten, Musik, Genüssen und Feiertagstrubel – nach wochenlanger Einstimmungszeit, Advents-Kommerz und Feierstimmung.

Aber das reicht doch, oder? Was sollte denn fehlen? Wieso die Romantik stören? Wieso den Glitter beschädigen?

Weil das *Leben* es so will! Weil es wieder und wieder so ist: Neben Freude, Glück und Halleluja treten Trauer, Leid und Klagelieder. Der Festkreis mutet uns das zu, weil er uns das Leben lehrt, so wie es *wirklich* ist. Weil Religion eben kein Opium ist, sondern Lebenshilfe, Stärkung, Kraft anbietet.

Die alte Erzählung im Matthäus-Evangelium Kapitel 2 – historisch hin oder her – spricht von einem Grauen in Betlehem: König Herodes, stets in Angst, es könne einen Rivalen geben, seine Hysterie, seine Angst um den Thron, wegen der er viele Söhne und Verwandte hinrichten ließ: Diese Angst ist historisch belegt, nicht nur durch die 13 Fluchtburgen, die er bauen ließ, um jederzeit flüchten zu können, sich stets vor Verfolgern, Feinden, gierigen Thronanwärtern schützen zu können. Dieser Herodes – so wird erzählt – habe seine Soldaten nach Betlehem geschickt, um alle Knaben unter zwei Jahren töten zu lassen, weil es doch keinen »neugeborenen König der Juden« geben sollte, wie es die Weisen / Magier vermutet hatten – erinnern Sie sich? Januar, die Geschichte vom Stern, vom Suchen und vom Finden?

Dieses Blutbad erhielt einen Gedenktag im Festkalender, den »Tag der unschuldigen Kindlein« am 28. Dezember, damit ihr Ende, ihr Blutvergießen, das Geschrei und die Klage ihrer Mütter, Väter und Geschwister, das Elend, die Not, die Verzweiflung in Betlehem nicht vergessen werden. Dieser Tag, dieses Ereignis gehört *auch* zu Weihnachten, denn *beides zusammen ist Weihnachten*. Es gibt das helle und das dunkle Weihnachten, Geburt,

Licht, Lob und Freude – und Tod, Finsternis, Klage und Trauer von Weihnachten – nebeneinander. Wie Karfreitag und Ostern *nebeneinander*.

Krippe und Soldaten, Jubel und Geheul: eine seltsame Sicht von Weihnachten

So haben Sie es vielleicht noch nie gesehen? Die Widersprüchlichkeit in diesem Fest? Aber es geht ja schon los mit dem Glauben der Menschen damals, dieser Jesus sei etwas Besonderes, Heiliges, und genau er wurde dann inmitten von so viel Armut, schmuckloser Einfachheit, vielleicht Dreck und Gestank, wenn das mit dem Stall stimmen sollte, geboren.

Dann sagt die christliche Tradition, in Jesus sei »Gott Mensch« geworden, »Gott kommt zur Welt«: Wenn das keine Gegensätze sind – im Denken der meisten Menschen zumindest. Gegensätze, die darin aber »aufgehoben« sind – im vielfachen Sinne Hegels: Darin enthalten, darin erhöht, darin gefasst, erhalten und verwandelt. Philosophisch gesprochen.

Einfacher: Licht im Dunkel, Kerze im Finstern, der Lichtblick des Glaubens vieler Menschen *mitten* in der Dunkelheit.

Gleichzeitig mit diesem Licht, diesem Lichtblick im Dunkel nun diese seltsame Verbindung mit dem 28. Dezember, der Erzählung von Mord und Totschlag. Die »große Freude«, die die Engelboten verkünden, ist umgeben von der »großen Trauer«, die die Soldaten als Todesboten verbreiten. Freude und Trauer, Geburt und Tod liegen nah beieinander, wie im richtigen Leben. Wir müssen diese Gegensätze zusammenbringen, das ist das Angebot des heilenden Festkalenders, denn nur dann gibt es Kraft, anderenfalls wäre es tatsächlich »Opium«.

In Gegensätzen bin ich ganz

Es gilt, zweierlei zu bedenken: Erstens das Eingeständnis, dass es das Scheitern, die Verzweiflung und die Kapitulation gibt – das ist die eine Wahrheit über das Leben. Auch im Jahreskreis zeigt sich, dass zum Leben auch diese schweren Seiten gehören. Das macht die Faktoren der Gegenbewegung, die Übung und Praxis der »Grundkräfte gelingenden Lebens« ja auch so nötig und bedeutsam. Sie sind unser Anteil an der Möglichkeit, dass das Leben – trotz aller Widerstände und Unwägbarkeiten – eben *doch* gelingt.

Das Zweite ist die Hoffnung, dass dies unser gelingendes *und* gebrochenes Leben, auch als Stückwerk und Fragment, auch, wo es nicht gelingt, von der Quelle und dem Urgrund des Lebens angenommen und geliebt wird. Im Sinne der Worte Rainer Maria Rilkes, formuliert er, dass da einer ist, der auch unser »Fallen unendlich sanft in seinen Händen hält«.

»In Gegensätzen bin ich ganz« oder »in Widersprüchen bin ich ganz« wäre ein Leitwort, das zu meditieren uns immer wieder neu auch die Kraft gibt, uns innerlich mit all dem Schweren auszusöhnen – und so versöhnt mit all dem »dennoch« ein erfülltes Leben zu leben, das gelingt.

Ritual

Ich lade Sie ein zu einer regelmäßigen kleinen Atem-Meditations-Übung, sie mag unscheinbar sein, ist aber sehr wirkungsvoll. Setzen Sie sich dazu ruhig, bequem und aufrecht hin und sprechen Sie beim Einatmen zu sich selbst: »Ich bin« (wow, welch wunderbare Tatsache, welch beachtliche Wirklichkeit!), und beim Ausatmen »in Gegensätzen/Widersprüchen ganz«. Immerzu, laut oder leise, mehrere Minuten lang! So erkennen Sie sich selbst an, wie die Lebenswirklichkeit Sie ebenso anerkennt, liebt und annimmt: In und mit Ihren Gegensätzen und Widersprüchen sind Sie *ganz*.

Integration – das Paradox als Grundwahrheit

Die Zusammengehörigkeit von sehr unterschiedlichen Gefühlslagen, Zuständen, Befindlichkeiten und Situationen wird uns hier vom 24. bis hin zum 28. Dezember lebhaft und exemplarisch vor Augen geführt. Sie gehört wahrlich zu unserem Leben, grundsätzlich und immer wieder neu. Konkret heißt das, dass jede kleine Entscheidung uns abverlangt, Vorteile und Nachteile abzuwägen, denn alles hat einen bewussten, sichtbaren und einen unbewussten, nicht so leicht sichtbaren Anteil.

Soll ich nun zu der Veranstaltung gehen, in den Urlaub fahren, zu dieser möglichen Erfahrung, oder hierbleiben? Beides hat seinen Preis, beides sein eigenes Gutes, einen Gewinn – und beides sein Schlechtes und Schweres. Diese »Zerrissenheit« gilt für alles: für jeden Wohnungswechsel, Wechsel der Profession oder der Stelle in Arbeit und Beruf – oder gar für die Entscheidung für eine Lebensform, alleine bleiben oder zusammenleben, zusammenziehen, Leben teilen, Entscheidung für einen speziellen Partner / eine Partnerin. Bei alledem gibt es dann ja immer noch »das Schlechte im Guten« und »das Gute im Schlechten«.

In allen Lebenssituationen, aber besonders vor und bei schwierigen Entscheidungen gilt nach meiner Erfahrung Folgendes: Es ist nie etwas nur ein einfaches »Entweder-oder«, in Wirklichkeit braucht es immer eine umgreifende, integrierende Gesamtsicht. Die paradoxe Einheit, die einer Vereinigung von Unterschieden, Widersprüchen, ja gar Gegensätzen entspricht, denn niemals ist das Leben nur einfach so *oder* so, sondern es ist so *und auch* so. Wenn wir ganz ehrlich zu werden vermögen, ist alles ein Gemisch, eine »Suppe« mit vielerlei Gewürzen und unterschiedlichsten Zutaten – nur fühlbar für die, die es wagen, sich selbst ganz auf den Grund zu gehen.

Impuls

Vor welchen Entscheidungen stehen Sie zurzeit? Was macht es Ihnen schwer, sich zu entscheiden? Wer oder was könnte Ihnen dabei helfen, zu einem Ent-schluss zu kommen? Haben Sie schon Erfahrungen damit gemacht, sorgsam nach dem »Guten im Schlechten« einer jeweiligen Situation zu suchen? Das ist eine schwere, aber lohnende »Goldgräberarbeit«. Probieren Sie es aus, gerade in der Zeit um Weihnachten!

Geheimnis des Lebens: Erlitten, obgleich oft nicht verstanden

Ein Geheimnis, das niemals ganz verstanden oder rein rational begriffen werden kann, wird zwar so erlebt, so erfahren, aber oft auch eher erlitten. Diese Einheit ist ein Mysterium, ein Geheimnis, mit dem wir uns bestenfalls immer wieder neu einverstanden erklären müssen, das aber zu unserem Innersten und Dunkelsten gehört, sozusagen symbolisch im Dezember dargestellt und innerlich vollzogen wird.

Sehen, Erfahren, Erleiden und Annehmen ist möglich, wie der römische Dichter Catull es in seinen Liedern (»Carmina«) ausdrückte: »Odi et amo. Quare id faciam, fortasse requiris. Nescio. Sed fieri sentio et excrucior.« Zu Deutsch: »Ich hasse und liebe zugleich. Warum und wie ich das mache, fragst du vielleicht? Ich weiß es nicht! Aber ich fühle, dass es geschieht – und ich erleide es schmerzhaft.«

Vor vielen Jahren sprach ich von solchen inneren Qualen, Zerrissenheiten im vertrauten Gespräch mit einem weisen Berater. Und mein erfahrenes Gegenüber fühlte tief mit, als ich aufschrie: »Ich halte das nicht aus!« Darauf sagte er warm, weich, sanft, aber bestimmt zu mir: »Nein, Sie *halten* es aus« – die Betonung lag auf »halten«. »Sie stehen es durch«, könnte man auch sagen – und so war es dann auch.

»Es hat keinen Zweck, scharf zwischen Licht und Finsternis zu trennen«, so lese ich staunend und als Bestätigung bei Gerd Theißen. »Es hat keinen Zweck, scharf zu trennen zwischen Franz von Assisi und der Inquisition, zwischen der Reformation und den Religionskriegen, zwischen Nächstenliebe und Judenhass, zwischen einem Land, das die ›Kritik der reinen Vernunft‹ hervorbrachte, und einem Land, das Konzentrationslager baute. Es sind dieselben Menschen. Es ist dasselbe Land. Es ist dieselbe Religion. Es ist dasselbe als Segen und als Fluch, als Hölle und Paradies.«[29]

Weh tut es durchaus, diese Vielfalt und Gegensätzlichkeit zu erkennen, weise ist es, sie an-zu-erkennen. Die Tiefenpsychologen wissen davon, auch die tibetische Psychologie seit Jahrtausenden wie auch die chinesische Weisheit/Erfahrung der Zusammengehörigkeit von Yin und Yang. Wir können es nur in gegensatzvereinenden Symbolen fassen, so z.B. im Dreieck mit nach oben und nach unten gerichteter Spitze, ineinandergefügt, vereint im Stern Davids. Als horizontaler – und total konträr dazu – als senkrechter Balken vereint im Kreuz. Auch in der Mystik rangen viele darum, in allen Religionen.

Aber die innere Vielfalt und Gegensätzlichkeit so zu versöhnen, das schafft Freiheit, Souveränität und Lebenskraft. Die Integration von allem, von Licht und Finsternis, dem Halleluja der Weihnachtsengel und dem Wehgeschrei der Mütter in Betlehem oder dem Toben der Soldaten dort.

»Ist in jedem alles?«, so fragte ich vor Jahren bang mit Bezug auf Judas und seine Zugehörigkeit zum Kreis der engsten Freunde um Jesus, seiner Jünger[30], und kam zu der Antwort: Ja, alles ist da als Möglichkeit in jedem – sogar die Weltgeschichte zeigt es! Aber dieses »alles« gilt es nun zu erkennen, anzuerkennen und dann zu gestalten, zu steuern, zu kanalisieren. Auch manchen Impulsen standzuhalten, ihnen zu widerstehen, entschieden entgegenzutreten und ihnen gerade *nicht* zu folgen – wie etwa Geschichten von Missbrauch und Gewalt in Kirchen und anderen Institutionen es uns als Notwendigkeit deutlich vor Augen führen.

Die Annahme und Integration des persönlichen »Schattens«, wie die Tiefenpsychologie C. G. Jungs es nennt, sind immer schwierig und mit Schmerzen verbunden. Aber sie führen zum Aufbau eines seelischen Gleichgewichts und innerer Einheit, die nicht anders zu erreichen ist, die aber zu einer anderen Stabilität führt als vorher: ein schwerer Weg zwar, aber ein lohnendes Ziel.

Impuls

Ich lade Sie zu einer kleinen Übung ein: Setzen Sie sich gemütlich hin, werden Sie innerlich ruhig und atmen Sie tief ein und aus. Halten Sie nun Ihre Hände wie Schalen nach oben geöffnet vor sich hin und stellen Sie sich vor, in der einen Hand liegen all Ihre geliebten und erwünschten, guten und schönen Seiten, Erfahrungen und Aspekte Ihres Lebens. In der anderen Hand all das Ungeliebte, Unerwünschte, Schwierige und Schwere Ihres Lebens, Ihrer Erfahrungen und Ihrer Lage. *Achten* Sie bitte *beides* als zu Ihnen und Ihrem Dasein gehörig. Schauen Sie auf Ihre Hände und machen Sie sich dabei bewusst: Das sind die verschiedenen Seiten meines Lebens und meiner Persönlichkeit.

Versuchen Sie jetzt – ganz langsam – Ihre Handschalen mitsamt dem jeweiligen »Inhalt« aufeinander zuzubewegen, vielleicht millimeterweise, bis sie sich seitlich berühren. Atmen Sie dabei ruhig, gelassen und tief weiter. Dann bringen Sie Ihre Handflächen langsam so zusammen, dass sie sich mit der Innenseite berühren – wie bei Albrecht Dürers »Betenden Händen«. Lassen Sie alle Bilder und Gedanken, die kommen, einfach aufsteigen. Lassen Sie es geschehen, egal, was dabei kommt und geschieht.
Wenn es Ihnen möglich ist, legen Sie zum Abschluss der Übung Ihre beiden Handflächen ganz sacht, sanft und liebevoll überkreuzt auf Ihren Oberkörper in Brusthöhe. Atmen Sie dabei ruhig und gewährend und nehmen so diese *beiden* Seiten, diese *beiden* Wahrheiten, in sich hinein, in Ihr Inneres, in Ihr »Herz«. Friedevoll und versöhnt ist vorher Getrenntes nun vereint. Sprechen Sie

dazu folgende Worte (laut oder einfach in Ihrem Innern): »Das alles bin *ich*, das alles gehört zu *mir* – und ich erkläre mich damit einverstanden.«

Integration, Bewusstheit und innere Versöhnung

Die Grundkraft Integration schafft Bewusstheit und innere Klarheit über die Zusammengehörigkeit auch der schwersten Gegensätze, im Leben der Welt und der Gesellschaft, der Menschen in Beziehungen und in der eigenen Seelentiefe. Dahin führt uns diese besondere Festzeit also zum Abschluss: Schon in der Datierung drückt sich das aus, denn die Tage um den 24. Dezember sind die dunkelsten, abgründigsten im Jahr. In der alten Zeit wurde im römischen Weltreich die Wintersonnenwende auf die Tage vom 24./25. Dezember gelegt. Die Menschen haben tagelang zu Ehren der wiederkommenden unbesiegbaren Sonne, des »sol invictus« (mit diesem Titel wurde später auch Jesus verehrt), ein großes Fest gefeiert. Während der Wintersonnenwende haben wir die längste Nacht und die kürzeste Lichtzeit – und genau *dahin* datiert die Christenheit der ersten Jahrhunderte das Fest der Lichtgeburt der Welt, des exemplarischen Licht-Menschen Jesus, den seine Anhänger das »Licht der Welt« nannten (Johannes-Evangelium 8,12). Traditionsgemäß – wie um den Kontrast zwischen Dunkel und Licht noch zu steigern – liegt die Feier der Geburt in der dunkelsten Stunde, um »Mitternacht«. So heißt es auch in einem Weihnachtslied: »Mitten im kalten Winter, wohl zu der halben Nacht«, und mit »halber Nacht« ist eben die Mitternacht gemeint. Da also, wo es am finstersten ist, das Licht am weitesten weg, sagen Glaube und Hoffnung: Da beginnt Neues, neues Leben, neue Hoffnung, neues Licht für alle.

Impuls

Eine kleine Meditationsübung zum Abschluss: Aus der Tradition der Ostkirche in den ersten Jahrhunderten ist ein alter Weihnachtshymnus überliefert, der Stärkung geben kann, gerade in schweren Zeiten: »Die Mitte der Nacht ist der Anfang des Tages, die Mitte der Not ist der Anfang des Lichts.«
Schaffen Sie für sich doch ab und zu einmal eine ruhige Situation, in der Sie nicht gestört werden können, und sprechen Sie dann diesen Satz zunächst laut, dann immer leiser und schließlich unhörbar innerlich einfach vor sich hin. Unterstützen können Sie das auch durch meine CD. In der letzten Übung singe ich diese Zeilen als Lied zu einer selbst komponierten Melodie.

AFFIRMATIONEN

- »Die Mitte der Nacht ist der Anfang des Tages. Die Mitte der Not ist der Anfang des Lichts« (altkirchlicher Weihnachtshymnus).
- »Die Lotusblüte wächst im Sumpf« (fernöstliche Weisheit).
- Ich gewähre jetzt auch dem kindlich Verspielten, feinfühlig Sensiblen, Arglosen und Vertrauensvollen in mir immer mehr Raum und Entfaltung.
- Ich willige ein in alle Widersprüche und Ungereimtheiten in meinem Leben.
- Ich suche und finde jetzt das »Gute« auch im »Schlechten« und versöhne mich mit allem.
- Ich erkläre mich einverstanden mit den lichten wie auch den dunklen Seiten in mir und dem Leben und nehme alles an: »Auch *das* gehört zu mir. Ja, das ist wahr.« So finde ich inneren Frieden.
- Ich lerne immer mehr verstehen, dass es gerade die Gegensätze sind, die die Welt ins Dasein treten lassen und das Leben lebendig erhalten.

- Ich bin *(einatmen)* in Gegensätzen/Widersprüchen ganz und ruhe ganz im Frieden *(ausatmen und Atempause)*.
- Ich versöhne mich mit meinen Umwegen, Irrungen und Wirrungen, auch mit dem Schweren in meinem Leben und nehme es in seiner Gesamtheit (dankbar) an.

DIE ALLUMFASSENDE GRUNDKRAFT

Das Leben lieben, wie es nun mal ist …

Nun haben wir Monat um Monat entscheidende Grundkräfte, Elemente, Facetten entdeckt und zusammengetragen, damit unser Leben gelingt und »glückt«. Dabei herausgekommen ist ein Mosaik der unterschiedlichsten Feste, Impulse und Gedanken in diesem Jahreszyklus.

Bei einem Spaziergang – nach den vielen Jahren der Arbeit an diesem großen Konzept – sah ich eines Tages ein älteres Pärchen auf einer Bank sitzen. Er umfing sie liebevoll-zärtlich mit seinen Armen und sie gab sich ganz hin in dieses Gehalten- und Geborgensein. Selig sahen sie aus – beide. Und da traf mich plötzlich ein Gedanke: Etwas fehlt in meinem Buch, eine alles zusammenfassende Kraft, die gewissermaßen in allem bisher Gesagten steckt oder allen Bausteinen zu-grunde liegt, eine Grund-Grundkraft sozusagen: die Liebe – zum Leben, zu Menschen, zur Schöpfung und Natur, zum großen Ganzen und zum »großen Geheimnis«, das all dieses »unendlich sanft in seinen Händen hält« (Rilke).

Wir haben uns so sorgsam und eingehend mit den Grundkräften gelingenden Lebens befasst, dass sich in manchen von Ihnen, liebe Leserinnen und Leser, vielleicht manchmal die Frage bildete: Was ist eigentlich, wenn Wünsche sich nicht erfüllen? Wie kann ich dann das Leben lieben und bestehen? Wenn das Leben nicht gelingt? Was bleibt uns dann?

Wenn das Leben nicht gelingt …

Was ist, wenn das *große* Glück *nicht* kommt? Zurzeit entsteht und wächst die Menge an sogenannter Glücksliteratur. Immer neue Werke beschreiben immer neue Wege zum Glücklichsein. Als habe man ein Recht, ein echtes Anrecht auf Glück im Leben.

Aber ist es *wirklich* so? Gibt es stetiges Wachstum, ununterbrochene Entfaltung, unaufhörliches Glück? Wir streben und sehnen uns danach, natürlich. Ist unser Ziel und Streben vielleicht besser ausgerichtet auf Gegenwartsbezug, auf die Übung der Achtsamkeit, Gelassenheit, Zufriedenheit und Dankbarkeit? Mir fällt da eine Frau ein, die schwerstbehinderte Anna, die ich oft im Behindertenheim besuchte und die mich immer strahlend begrüßte und auf die Frage: »Na, Anna, wie geht's?« immer freudig erwiderte: »Mir geht's gut!«, *trotz* ihrer vielen Beschwerden, *trotz* ihrer extremen Behinderung, *trotz* der vielen Nicht-Möglichkeiten.

Wir haben 12 Monate lang Grundkräfte gelingenden Lebens gesucht, gefunden, geübt und vertieft. Aber es darf kein neuer Zwang werden, kein Gesetz, keine neue Anspannung entstehen: Ich muss immer dynamisch, froh und glücklich sein! Sonst würde die Diktatur der Depression, Mutlosigkeit und des Ausgebranntseins nur abgelöst durch eine Diktatur des Glücks: Nur immer Kopf hoch! Take it easy, keep smiling! Ein neuer Druck, eine unwahrhaftige Anstrengung, im Grunde letztlich sinnloser Kraftverlust.

Was wären denn andere, mit dieser Lebenswirklichkeit im Einklang stehende, realistische und zu unserer Gesamtsituation passende Affirmationen?

- Selbst wenn ich nicht (ganz) glücklich bin, übe ich Gelassenheit, Dankbarkeit und Zufriedenheit.
- Es gibt erfülltes Leben trotz vieler unerfüllter Wünsche (Dietrich Bonhoeffer).
- Glück ist kein Besitz, Glück ist ein Talent (C. G. Jung).
- Ich suche jetzt in allem das Gute, Wahre, Schöne.
- Der Friede in mir verändert meine Sichtweise, meine Gefühle und so mein Leben.
- Auch wo mein Leben, wo Erfolge und Glücksmomente nicht gelingen, lohnt es sich zu leben: Ich bin ein froher, freier, innerlich unabhängiger Mensch.
- »Es sind nicht die ganz großen Freuden, die am meisten zählen. Es kommt darauf an, aus den kleinen viel zu machen« (J. Webster).
- Ich versöhne mich mit allem, auch dem Schweren und Misslungenen in meinem Leben: Auch *das* gehört zu mir.
- Ich suche und schaffe Frieden mit mir selbst. Frieden schafft Zu-frieden-heit.

Gelingendes Leben mitsamt und trotz Beeinträchtigungen

Notgedrungen, wohl oder übel, müssen wir mit Beschädigungen, Behinderungen, Beeinträchtigungen im Lauf des Lebens leben lernen, insbesondere mit dem Älterwerden. Da melden sich die sogenannten Zipperlein, aus »Kleinigkeiten« werden »Großigkeiten«, wie Walter Giller das einmal nannte. Was früher einfach, leicht und selbstverständlich ging, ist plötzlich nicht mehr so leichtgängig, fraglos, sondern mühsam oder gar schmerzhaft.

Es gibt auch Beschwerden, die man immer von sich wies, nur bei anderen kannte, aus Medien, Dokumentationen und Berichten, die nun plötzlich im eigenen Leben oder dem unserer Liebsten, Nächsten, Freunde und Bekannten auftauchen. Kinder oder Freunde bekommen seelische oder körperliche Krankheiten, vielleicht sogar unheilbare; die Bombeneinschläge des Schicksals werden häufiger, kommen näher. Das alles ist manchmal unvermeidbar, unabänderlich, meist unverhinder- und unveränderbar. »*Damit* soll ich Freundschaft schließen?«, werden Sie mich vielleicht abwehrend oder entsetzt fragen. Nun ja, Sie müssen ja nicht, aber es wäre Realitätsgewinn und würde vielleicht Frieden bringen, Zu-frieden-heit und Fröhlichkeit fördern, oder ein Sich-»Verkämpfen« an der falschen Stelle verhindern.

In alldem gilt jener wunderbare Satz von Friedrich Christoph Oetinger: »Gott gebe mir (oder: Ich wünsche mir) … die Gelassenheit, die Dinge hinzunehmen, die ich nicht ändern kann, den Mut, die Dinge zu verändern, die ich ändern kann, und die Weisheit, das eine vom anderen zu unterscheiden.«

Impuls

Der Ausspruch von Friedrich Christoph Oetinger kann ein Begleiter in Ihrem Leben werden. Sie können ihn aufschreiben und an eine prägnante Stelle hängen, z. B. an den Badezimmerspiegel, sodass Sie jeden Tag einen Blick darauf werfen können. Oder Sie lernen ihn auswendig und sprechen sich diesen Satz selbst immer wieder, laut oder leise, beruhigend und ermutigend zu.

Versöhnt leben – Frieden mit sich selbst und dem Leben machen

Das ist vielleicht das Geheimnis eines anderen, leisen Glücks ganz innen, auch wenn uns vieles nicht gelingt: Das Unabänderliche akzeptieren, sich mit sich versöhnen – mit den eigenen Grenzen, Unmöglichkeiten, auch mit Nichtoptimalem. Es ist, wie es ist, und auch das Unerfreuliche, Schwere und Dunkle gehört – leider – *mit* zu unserem Leben. So haben wir im Dezember am spannungsreichen und sich ergänzenden Verhältnis von Licht und Dunkel, von Licht und Finsternis gelernt.

Ganz so wie z.B. Menschen sich damit abfinden müssen, dass sie im Krieg Haus und Hof verloren haben. Oder andere, die nach Investitionen in hoffnungsvolle Betriebe oder Aktien oder Aktivitäten statt des Traums und der Erfüllung ihrer Wünsche den finanziellen Zusammenbruch erlitten haben.

Impuls

Dinge im Leben, die nicht aufgegangen sind – gibt es das in Ihrem Leben auch? Wenn ja: Wie gehen Sie damit um? Damit, dass nicht alles gelingt? Wodurch und wie schaffen Sie das?

So wie jene Familie, die alle Ersparnisse in eine Ostimmobilie steckte, die dann allerdings stark an Wert verlor. Das Ehepaar musste daraufhin jahrelang intensivst arbeiten, ohne eine Urlaubsreise machen zu können – wie sie es so gerne gehabt hatten. Luxus dieser Art war nicht mehr möglich, nur um die Banken zu bedienen. Oder wie jene Frau, die für ihren Mann mitbürgte, für ein gewagtes, unsicheres, aber Erfolg versprechendes Projekt, die dann jedoch alles verlor und jahrelang damit leben musste, dass alle schönen Träume, auch alle erhofften Alterssicherungen zerplatzten.

Oder Eltern, deren Kinder andere, ganz andere Wege gehen,

als sie es für sie erhofften, planten und nach Kräften ermöglichten. Vergeblich! Vergeblich? Oder: »Gang der Welt«, unvermeidbar, Lebensschule, »Kismet«, Schicksal? Oder: Aufgabe, damit zu leben, dass wir das Leben lieben müssen, so, wie es *wirklich* ist, auch wenn es anders ist als erträumt. Ein Plädoyer für die *Fragmenthaftigkeit*.

In den letzten Jahren betont Fulbert Steffensky in Veröffentlichungen und Vorträgen immer wieder, wie wichtig es ist, auch das Mittelmaß zu lieben, nicht nur die »Peaks«, die Spitzen, die Höhepunkte, die Gipfel von Freudenerfahrungen. »Es wächst«, bemerkt er dazu in einem Vortrag, »ein merkwürdiges neues Leiden, das durch überhöhte Erwartung an das Leben und der Subjekte an sich selbst entsteht. Mein Körper soll fit sein bis ins hohe Alter, mein Aussehen schön. Mein Beruf soll mich erfüllen. Meine Ehe soll ungetrübt glücklich sein. Der Partner soll der beste Liebhaber sein und die Partnerin die beste Köchin. Die Erziehung der Kinder soll gelingen. Solche Totalitätserwartungen an eine Liebe programmieren ihr Scheitern. So ist das Leben nicht. Die meisten Ehen gelingen halb, und das ist viel. Meistens ist man nur ein halb guter Vater, eine halb gute Lehrerin, ein halb guter Therapeut. Und das ist viel.

Gegen den Totalitätsterror möchte ich die gelungene Halbheit loben. Die Süße und die Schönheit des Lebens liegt nicht am Ende, im vollkommenen Gelingen und in der Ganzheit. Das Leben ist endlich, nicht nur weil wir sterben müssen. Die Endlichkeit liegt im Leben selbst, im begrenzten Glück, im begrenzten Gelingen, in der begrenzten Ausgefülltheit.«[31] Und bei einer anderen Gelegenheit schreibt er ganz pointiert: »Vieles haben wir nur halb gehabt und gemacht. Aber wir hatten wenigstens die Hälfte. Wer sagt denn, dass die Süße nur in der Ganzheit liegt! … Von keinem Vollkommenheitsterrorismus lasse ich mir das Halbe und nicht zu Ende Gebrachte entwerten … Wir können in Heiterkeit Fragment sein. Es gibt unserem Leben Spiel, dass wir selbst nicht alles sein müssen.«[32]

»In Heiterkeit Fragment sein«, das klingt in mir nach und ist auch irgendwie befreiend. Das ganz Normale, das Mittlere, das Durchschnittliche lieben lernen – das könnte glücklicher machen, als wenn man immer nur das große Glück beachtet. Erinnern Sie sich an mein Gedicht »Nimm das Leben als Spaziergang« vom Juli, wo ich formulierte: »Viele Glücke warten, dass ich sie pflücke – unterwegs«?

Vieles im Leben bleibt eben unvollkommen, bleibt fragmenthaft, und verdient dennoch Achtung in Achtsamkeit. Das kleine Glück schätzen, das lehrte uns im Juli jene kleine Geschichte von den Kleeblättern, wissen Sie noch? Sonst lesen Sie sie doch einfach noch einmal nach.

Impuls

Kennen Sie schon den Text von Antoine de Saint-Exupéry: Die Kunst der kleinen Schritte? Wenn Sie ihn sich in dieser gekürzten Fassung hin und wieder durchlesen, könnte er für Sie zu einem weisen Begleiter werden.

Die Kunst der kleinen Schritte
Ich bitte nicht um Wunder und Visionen, sondern um die Kraft für den Alltag, lehre mich die Kunst der kleinen Schritte.
Bewahre mich vor dem negativen Glauben, es müsse im Leben alles glattgehen. Schenke mir die nüchterne Erkenntnis, dass Schwierigkeiten, Niederlagen, Misserfolge und Rückschläge eine selbstverständliche Zugabe zum Leben sind, durch die wir wachsen und reifen.
Ich weiß, dass sich viele Probleme dadurch lösen lassen, dass man nichts tut. Gib, dass ich warten kann.
Bewahre mich vor der Angst, ich könnte das Leben versäumen.
Gib mir nicht, was ich mir wünsche, sondern was ich brauche.
Lehre mich die Kunst der kleinen Schritte!
ANTOINE DE SAINT-EXUPÉRY

Gegen die Tyrannei der Rede vom »gelingenden Leben«

Am Schluss eines Vortrags zu unserem Thema meldete sich ein aufgeregter, betagter Seelsorger zu Wort und verwahrte sich vehement gegen den Ausdruck »gelingendes Leben«. Ihm graue vor dem Entstehen eines neuen, schweren Zwanges, immer glücklich, immer fröhlich, immer cool sein zu müssen. »Dadurch entsteht ein Druck, eine schwere Bedrückung, ein neuer Zwang, der die Menschen aber erneut und tief unglücklich machen kann«, befürchtete er. Durch seinen Einwurf wurde mir und den anderen Zuhörenden noch einmal klarer, was ich hier ja erarbeiten und herausarbeiten wollte, aber auch wie es gewisslich missverstanden wäre. Im Rückblick auf das Gesamtkonzept und den gesamten Weg erscheint mir dies tatsächlich wichtig zu betonen: Es gibt gelingendes Leben *auch* mit Brüchen, *trotz* Schwankungen, mit »Freude *in* allem Leide«, wie es jenes alte Lied ausdrückt, das wir am Ende des Oktoberkapitels bereits erwähnten. Nur so erscheint mir die Rede von den »Grundkräften des Lebens« und vom gelingenden Leben sinnvoll und verantwortbar.

Es gibt kein Licht ohne Schatten. Zum hoffnungsvollen Neuanfang von Ostern führen die Kapitulation und der Bruch am Karfreitag, verbunden mit Aufschrei, Sterben und Tod des Alten, Hoffnungsfrohen, Gewesenen. Auch das Erntedankfest trennt Spreu vom Weizen, und im Dezember erleben wir das Licht in der Verbundenheit mit dem Schatten. An Weihnachten, am 24./25. Dezember, feiern wir die Freude über die Geburt Christi, das Gedenken der »unschuldigen Kinder« am 28. Dezember – jedes Jahr liegen Freude und Leid nah beieinander. Das Leben zeigt uns, dass es nicht das amerikanische »ever just happy«, »immer nur glücklich« gibt. Es gibt nicht nur Sonnenschein, sondern Licht *und* Schatten, Höhen *und* Tiefen, Begeisterung *und* Verzweiflung *zusammen*. Starkes und Schwaches in Verbundenheit machen Seelenfrieden aus, so und nur so entsteht gelassenes, realistisches Glück, nicht als ewig stabiles, grinsendes »keep smiling«. Es gilt, dem Fluss des Lebens zu folgen, mich dem Lebensstrom zu überlassen, dann ist einmal das Gute, das Positive und einmal das Schwere und Dunkle im Vordergrund.

Sonne und Mond wohnen im Herzen zusammen

In einem beeindruckenden Fernsehfilm über die alte Teestraße von Südwest-China zum Dach der Welt[33] wurde berichtet, dass der Name der sagenumwobenen Stadt Schangri-La ursprünglich bedeute, dass »Sonne und Mond in unseren Herzen zusammenwohnen«: welch ein Name, welch eine Bedeutung. Die exemplarischen Ur-Gegensätze, die Sonne des Tages und der Mond der Nacht, sind im Herzen zusammen, beieinander, miteinander. Stellen Sie sich vor, die Kinder würden schon von Beginn an erfahren, *dass das eben im Leben so ist*, dass in uns Freude und Schmerz, Zweifel und Hoffnung, Verzweiflung und Mut, Begeisterung und Entmutigung, Angst und Zuversicht oft miteinander oder im Wechsel auftreten. Dass Gegensätze sich in unserer Seele zeigen und dass das ganz normal und richtig ist. In den Traditionen des Fernen Ostens ist das seit Jahrtausenden gemeinsames Wissen, Menschen werden dort so verstanden und geprägt: Gegensätze in uns gehören zusammen, schließen sich nicht aus, Yin und Yang, das Harte und das Weiche, das Helle und das Dunkle lassen sich nicht trennen, sondern gehören zu uns, gehören zusammen – gleichsam wie Geschwister. Ein Weg zum inneren Frieden.

Impuls

Was bedeutet das Zusammenspiel von hellen und dunklen Seiten in unserem Leben konkret? Vielleicht dass ich großzügiger und nachsichtiger werde, wenn mein/e Partner/in sich nicht so verhält, wie ich es erwarte oder mir wünschen würde? Ich erlebe neben der großen Wertschätzung in mir vielleicht schmerzhafte

Enttäuschung, und *beides* ist wahr. Dasselbe gilt in vielen Beziehungen: Zwischen Eltern und Kindern, Kindern und Eltern, zwischen Chefs und ihren Angestellten (und umgekehrt), zwischen Kolleg/innen untereinander, mit Freunden, überall begegnen wir freudiger Überraschung und der bitteren Einsicht, dass doch nicht alles perfekt und super ist, es ist doch nicht alles *nur* Gold, was glänzt. Aber in diesem gleichzeitigen Sehen und Anerkennen der oft gegensätzlichen Pole unserer Gefühle gewinnen wir Weite, Großherzigkeit, Zufriedenheit und den Zugang zum gelebten echten Leben.

Lesen Sie nun die folgenden Sätze zum Thema Glück und Gelingen und vervollständigen Sie sie mit Ihren Überlegungen:

Glück und Gelingen heißt, mit dem Ganzen versöhnt sein.

… heißt, Lust und Liebe leben, verköstigen, genießen, wenn es dran und da ist, aber es ist nie von Dauer.

… heißt, um den bergend gütigen Ur- und Hintergrund des Lebens wissen: hörend, ahnend, hoffend warten.

… heißt, auch die guten Mächte einrechnen, nicht immer nur die negativen und dunklen in Wirtschaft, Gesellschaft, Politik, im Seeleninnenleben, der Hölle und überall.

… heißt, mich sortieren und in Achtsamkeit üben und dankbar für das Gelungene, Stärkende, Helfende bei der eigenen »Freudenbiografie«, der Lebensernte zu sein.

… heißt, mich auch der Endlichkeit aller Freude, Gesundheit, Beziehung, allen Glücks zu stellen und mich mit Wandel und Veränderung einverstanden zu erklären.

Dann ist das ein gelingendes Leben, nicht ein naives Keep-smiling-happy-life, sondern ein reifes, durch Arbeit versöhntes, gelingendes Ja »in, mit und trotz« Not, Kummer und Schwierigkeiten. Dazu braucht es Goldgräberarbeit, die Fähigkeit und Übung, »Gott«, das Gute, Förderliche und Stärkende zu suchen und zu finden in allem und überall. Üben Sie mit?

Mit Blick auf die »12 Grundkräfte des Lebens«, die wir in den verschiedenen Monaten kennengelernt haben, lassen sich folgende Grundkräfte noch einmal in den Blick nehmen – sozusagen als »Konzentrate«:

- Suchen, Irren, Umwege gehen, Vorstellungen aufgeben, auch Ent-Täuschungen erleben – nur so lassen sich Neuanfang und Sinn finden (erinnern Sie sich an Januar?).
- Masken erkennen, tragen – und auch ablegen (Februar).
- Loslassen und »jungfräulich« werden (März).
- Immer neu aufstehen und anfangen heißt ja auch: immer neu hinfallen, daliegen, kaputt sein – eben beides (Ostern/April). Gemeint ist damit, dass das Leben nicht auf »Teufel komm raus« gelingen *muss*. Manches misslingt, scheitert eben auch. Wir lernen das auch am Beispiel Jesu und vieler, die diesen Weg gehen.
- Inspirationen empfangen, Visionen verwirklichen, Kreativität fließen lassen (Mai).
- Erstarrung überwinden, unter-wegs sein, be-weg-lich bleiben, das »Göttliche in uns« und die Kraft des Segens erfahren (Juni).
- Lebensfreude erspüren, feiern und besonders auch im Kleinen finden (Juli).
- Zuversicht entwickeln, dass der letzte »Quell- und Lebens-Grund« uns wohlwollend, bergend, liebevoll und fürsorglich zugewandt ist (August).
- Vertrauen in die »guten Kräfte und Mächte« lernen und üben, »in guten wie in schlechten Tagen« (September).
- Mit Dankbarkeit »Freudefähigkeit« trainieren und nichts selbstverständlich nehmen (Oktober).
- Auch das Ende bedenken, ins Leben einbeziehen, Sterben und Tod als Teil des Lebens an-erkennen (November).
- Frieden schließen, auch mit dem Gegensätzlichen und Widersprüchlichen im Leben und in uns selbst (Dezember).

Ich wünsche Ihnen, bei allen Freuden und guten Erfahrungen, aber auch in und trotz aller Unbill und Probleme, Nöte und Schwierigkeiten, dass Sie unbeschadet für sich singen, sagen und wünschen können: »Gesund, geschützt, getrost, gelassen, gelöst«. Diese fünf Gs habe ich vor Jahren wie in einem Lied für mich verbunden und spreche sie oft laut vor mich hin. Im vollen Bewusstsein, dass auch dies alles nur relativ, partiell und oft nur punktuell gilt und dennoch Inhalt dessen ist, womit ich mich segne, worauf ich mich ausrichte und was ich vom Leben erbitte. In diesem Sinne wünsche ich Ihnen ein umfassendes Schalom: Gelingen und Glück, Gesundheit und Zufriedenheit, Frieden mit sich, den anderen und dieser und der »anderen« Welt!

Eine mögliche Weiterentwicklung

Schön, wenn Sie beim Lesen einzelner Kapitel oder des ganzen Buches auf den Geschmack gekommen sind. Es ist ja in der Tat immer *noch viel mehr* drin in all den Monaten und ihren Festen – das können Sie alljährlich neu und weiter entdecken.

Schön, dass Sie den Weg mitgegangen sind. Mögen sich Ihnen dabei viele Dimensionen erschlossen haben und zahlreiche »Kronleuchter« aufgegangen sein. Aber nicht wahr: Sie wissen schon, dass mein Konzept nicht etwa Anspruch auf Absolutheit oder gar Vollständigkeit erhebt! Die hier betrachteten

»12 Grundkräfte des Lebens« mögen Sie gerne erweitern und durch Ihre ganz speziellen und eigenen Grundkräfte ergänzen. Vielleicht finden Sie ja noch weitere bei Ihrem Suchen, Erleben, Erspüren und Weiterforschen. Je nachdem, wie sie sich Ihnen eröffnen, zeigen und erschließen. Das sind dann einfach »die anderen/weiteren Grundkräfte des Lebens«.

Wenn Sie mir ein Echo geben und mit mir Kontakt aufnehmen möchten, so können Sie das gerne über die Verlagsadresse tun: Hans Gerhard Behringer, c/o Kösel-Verlag, Flüggenstraße 2, D-80639 München – oder direkt über meine E-Mail: hans-gerhard.behringer@gmx.de. Ich freue mich darüber! Bei Interesse können Sie auch gerne meine Homepage im Internet aufsuchen unter www.hgbehringer.de und darin mehr über mich und meine diversen Projekte, verschiedenen Bücher wie auch Seminaraktivitäten und Therapie-/Coachingangebote erfahren.

ANMERKUNGEN

1. Hans Gerhard Behringer: Die Heilkraft der Feste – Der Jahreskreis als Lebenshilfe, München ^{8}2007; Hans Gerhard Behringer: Geheilt werden – Biblische Wundergeschichten als Lebenshilfe, München 2002; Hans Gerhard Behringer: Aufatmen und neue Kraft schöpfen – 12 Schritte aus Krisen und Erschöpfung, München ^{3}2010; Hans Gerhard Behringer: Ausgebrannt? Aufatmen – Kraft schöpfen – Neu werden, CD, München 2004.
2. Für eine grundlegende Darstellung der verschiedenen Betrachtungsweisen und Lebensthemen, für die detaillierte Entfaltung der Vielfalt von Anregungen und Impulsen in jedem einzelnen Fest, können Sie auch den jeweiligen Abschnitt in meinem Buch von der »Heilkraft der Feste – Der Jahreskreis als Lebenshilfe«, a.a.O., heranziehen. Darin habe ich *viele* Feste ausführlicher, genauer und je einzeln behandelt. Es ist zzt. vergriffen, wird aber als Taschenbuch neu aufgelegt. Für Einzelheiten bei historischen Fragen finden Sie Weiterführendes bei Karl-Heinz Bieritz: Das Kirchenjahr – Feste, Gedenk- und Feiertage in Geschichte und Gegenwart, München ^{3}1991; Hermann Kirchhoff: Christliches Brauchtum – Feste und Bräuche im Jahreskreis, München 1995 (vergriffen). Bei Brauchtumsfragen empfehle ich Helga-Maria Wolf: Das neue Brauch-Buch. Alte Bräuche, neue Bräuche, Antibräuche, Wien 2000.
3. Hans-Gerhard Behringer: Grundkräfte des Lebens – Meditationen für Gestresste, CD, München 2013.

4. Unter den Stichworten »Fasching, Fastnacht, Karneval« finden Sie eine Fülle von Informationen im Internet, noch weit über die angesprochenen hinaus.
5. Die Inhalte und Zitate dieses Abschnitts zur tiefenpsychologischen Sicht der Basler Fasnacht entstammen dem wertvollen Film »Die Weisheit der Träume«, Teil 1. Ein Film von Stephen Segaller, Produktion: Order Television/Stephen Segaller-Films; Bearbeitung: Susanne Trachsler, Redaktion: Andreas Foirer, Schweizer Fernsehen 1991; ausgestrahlt in der Reihe »Die Matinee«.
6. So Jungs Enkel Dieter Baumann in dem oben genannten Film.
7. Genaueres dazu – wie zu allen Gedanken und Festen in diesem Buch – in meinem ausführlicheren Werk »Die Heilkraft der Feste«, vgl. Anm. 1.
8. Vgl. Joan Frances Casey und Lynn Wilson: Ich bin viele – Eine ungewöhnliche Heilungsgeschichte, Reinbek 1993.
9. Vgl. Hal und Sidra Stone: Du bist viele, München [4]1994.
10. Rainer Maria Rilke: Briefe an einen jungen Dichter, Leipzig 1929, S. 17 der Brief vom 16. Juli 1903 aus Worpswede.
11. Weitere hilfreiche Schritte dazu finden Sie in meinem Buch: »Aufatmen – und neue Kraft schöpfen« mit der dazugehörigen CD, siehe Anm. 1. Es bietet praktische Impulse, um auf allen Ebenen wieder in die Balance zu kommen. Und natürlich die CD zu diesem Buch: »Grundkräfte gelingenden Lebens – Meditationen für Gestresste«, siehe Anmerkung 3.
12. Weitere und ausführlichere Meditationen finden Sie auf meiner in Anm. 3 bereits genannten Begleit-CD zu diesem Buch.
13. Vgl. Ignatius von Loyola und sein Motto, Gott in allen Dingen zu suchen und zu finden. Er versteht »Gott« als den Inbegriff des Hilfreichen, Förderlichen und Stärkenden.
14. Eberhard Jüngel: Gottes Sein ist im Werden, Tübingen [4]1986.
15. Lied-Zitate aus: Gerhard Tersteegen, Gott ist gegenwärtig, Evangelisches Gesangbuch (EG), 165, Vers 8; Paul Gerhardt, Ich steh an deiner Krippen hier, EG 37, 9; Michael Schirmer, Oh heilger Geist, kehr bei uns ein, EG 130, 1; Benjamin Schmolck, Tut mir auf die schöne Pforte, EG 166, 2.

Zitat von Teresa von Avila, aus: Weg der Vollkommenheit, Band 2, Hg. U. Dobhan und E. Peeters, Herder Spektrum, Freiburg [3]2006, Kap. 48, Abschnitt 3, S. 241f.

16. Ich singe diesen Text zu einer volkstümlichen Melodie auf der Begleit-CD zu diesem Buch, siehe Anm. 3. Man kann dabei zu dieser einfachen Weise noch viele weitere Strophen dichten, wie ich es dort anrege: Der eigenen Kreativität sind keine Grenzen gesetzt.
17. Aus der Tradition tibetischer Lamas, weitergegeben in einem unveröffentlichten Manuskript durch Yesche U. Regel 2004, Mitglied des InterSein-Ordens. In etwas anderer Übersetzung und ausführlich bei Joan Borysenko: Ein Wunder täglich – Gebete, Meditationen und Affirmationen für das ganze Jahr, Freiburg [2]1996, S. 70–74.
18. Bei einer Suchmaschine eingegeben, finden Sie unter »Engel Zürich Segnen Bahnhof« viele Berichte über diese Frau. Vgl. auch: Antje Rösener: Momente der Gelassenheit. Kleine Geschichten zum Atemholen, Gütersloh 2005, S. 18f.
19. Tiefergehendes, Praktisches und Konkretes zum Thema Burn-out und besonders zur Prophylaxe, zu seiner Verhütung, in meinem Buch: Aufatmen und neue Kraft schöpfen – 12 Schritte aus Krisen und Erschöpfung, München [5]2010, und in der dazugehörigen CD mit von mir gesprochenen Meditationen: Ausgebrannt? Aufatmen – Kraft schöpfen – Neu werden. Heilungsmeditationen, München 2004.
20. Vgl. Christa Mulack: Die Weiblichkeit Gottes – Matriarchale Voraussetzungen des Gottesbildes, Stuttgart [3]1984; Leonardo Boff: Das mütterliche Antlitz Gottes, Düsseldorf 1985; Merlin Stone: Als Gott eine Frau war – die Geschichte der Ur-Religionen unserer Kulturen, München 1989.
21. Interessierte Leserinnen und Leser mögen das eben Dargestellte in einer Wortkonkordanz zur Bibel zu den Stichworten »allmächtig/Allmacht«, »barmherzig/Barmherzigkeit« und »geboren« überprüfen, verifizieren und vertiefen. Vergleichbare Hinweise finden wir in der Rede von Gottes Weisheit (Buch Weisheit 8–9), und von Gott, der uns »tröstet wie eine Mutter« (Jesaja 66,13), als einer, der uns die »Tränen abwischt« (Jesaja 25,8; Apokalypse/Offenbarung 7,17; 21,4), Gott als Frau im Jesusgleichnis von der nach einer Münze suchenden

Frau in Lukas 15,8–10, in der Brotbitte des »Vaterunsers«, denn uns »unser täglich Brot« zu geben, war in der damaligen Zeit und Kultur ganz klar Frauensache! Vom »Aus-Gott-geboren-Sein« spricht der 1. Johannesbrief an vielen Stellen: 2,29; 3,9; 4,7; 5,1.4.18. Weitere Hinweise geben die S. 272–275 und die dazugehörigen Anmerkungen in meinem Buch: Die Heilkraft der Feste, s. Anm. 1.

22. Vgl. auch die Eselin in der Bileams-Geschichte von 4. Mose/Numeri 22,22ff. und die Erfahrungen vieler Menschen mit in verschiedenster Weise hilfreichen Tieren.

23. Das »salutogenetische« Modell mit Schwerpunktsetzung auf »Gesundheitsfaktoren« statt auf »Risikofaktoren« stammt von Aaron Antonovsky, dargestellt in: Aaron Antonovsky, Alexa Franke (Hg.): Salutogenese – Zur Entmystifizierung der Gesundheit, Tübingen 1997. Sehr hilfreich auch Dietmar Ohm: Lachen, lieben – länger leben. Genießen lernen, Lebenssinn finden, Freude und Glück erleben, Selbstheilungskräfte aktivieren, Gesundheitspsychologie im Alltag, Stuttgart 1997; Martin E.P. Seligman: Der Glücks-Faktor – warum Optimisten länger leben, Bergisch Gladbach 2012; Eckart von Hirschhausen: Glück kommt selten allein ..., Hamburg 2011.

24. Mehr dazu im Kapitel »Und wenn das Wunder nicht geschieht ...?« meines Buches: Geheilt werden. Biblische Wundergeschichten als Lebenshilfe, München 2002, S. 211–232.

25. »In dir ist Freude, in allem Leide ...«, von Cyriakus Schneegaß, 1598, gesungen nach einer schwungvoll-fröhlichen italienischen Melodie – fast wie im Walzerschritt – von Giovanni Giacomo Gastoldi von 1591, EG 398 und Katholisches Kirchengesangbuch derSchweiz 606.

26. Vgl. dazu den bewegenden Bericht seiner Erfahrungen im KZ von Viktor E. Frankl: Trotzdem Ja zum Leben sagen – ein Psychologe erlebt das Konzentrationslager, München [4]2009.

27. Weitere wertvolle Anregungen zu diesem Thema bot eine Fernsehsendung des Schweizer Fernsehens »Sternstunde Philosophie« am 26.8.2012 unter dem Thema »Philosophie des Sterbens« mit dem Studiogast Gian Domenico Borasio, www.sendungen.sf.tv/sternstunden/Sendungen/Sternstunden/Archiv/Sendung-vom-26.-August-2012.

28. Teresa von Avila (1515–1582) zugeschrieben, zitiert auf der »Website

für Kardinal König« www.kardinalkoenig.at/leben/texte/

29. Gerd Theißen: Vom wiedergefundenen Paradies – Meditative Texte, Stuttgart 2005, S. 34.
30. s. ausführlicher in: Hans-Gerhard Behringer: Die Heilkraft der Feste, s. Anm. 1, S. 143ff.
31. Vortrag von Prof. Dr. Fulbert Steffensky: »Der Schmerz und die Gnade der Endlichkeit«, Nr. 7, Herausgeber: Hospizarbeit im Ev. Johanneswerk e.V. in Zusammenarbeit mit der Abteilung Presse- und Öffentlichkeitsarbeit, Abschnitt: Sich als Ganzer im Fragment erkennen, S. 8.
32. Aus: Fulbert Steffensky, Die Kunst des Abdankens, in: Die Kunst des Alterns – eine Lebensaufgabe, hg. v. Klaus Möllering, Leipzig [2]2005, S. 281–283.
33. Fernsehsendung in 3Sat am 16.3.2011: »Die Teeroute«, fünfteilige Doku-Reihe, Frankreich 2009.

QUELLENNACHWEIS